シベリア抑留の恩讐を乗り越えた音楽人生

「唯生論《ゆいせいろん》」

作曲家・音楽家
田中唯介 著

寒さに震えた者ほど
人間の温かい心を知る

一瞬の触れ合いが
人生を変えた。

唯一の生き方を説く……

シベリア抑留の恩讐を乗り越えた音楽人生

「唯生論《ゆいせいろん》」

寒さに震えた者ほど
人間の温かい心を知る

一瞬の触れ合いが
人生を変えた。

唯一の生き方を説く……

作曲家・音楽家
田中唯介 著

本書は、著者が独自に調査した内容を出版したものです。

なお、本書に記載されている肩書きは、2019年6月時点での情報に基づいています。

欣喜雀躍

平成27年度加古川市小中学校校長会 代表校長　岡田　篤

田中唯介さんは、シベリヤ抑留という辛い過去を持ちながら、翳りは微塵もない。いつお会いしても、明るく飄々とされている。

「唯介」と名付けられたのはどなただろうか。今もなお、現役ミュージシャンとして活躍され、歌で平和の尊さを訴えられるお姿は唯一無比。将にお名前の通りだ。

九十歳を過ぎて矍鑠とされているのは、単に身体が丈夫だからではなく、生ある限り平和を願う活動に邁進する強い精神力があるからだろう。小柄なお身体に秘められた、底知れぬパワーに脱帽する。

田中さんの稀有な体験を、著書にするよう勧めた私にとって、この書が日の目を見ることはこの上もなく嬉しい。

そして、百歳を超えても現役で活躍されていることを願ってやまない。

はじめに

私は、戦争・抑留・引揚と云う、哀切と歓喜を身を以て体験し、大正・昭和・平成・令和を生き抜いています。このたび、感謝と自責の念をまとめたいとペンをとりました。本書では、新しい年号を目指し、健康管理：生涯現役を論じ、人口減少をくい止め、人手不足を解消する〝唯生論〟を提唱するものです。

私こと播磨町で貧しい農家に生まれ、昭和20年召集令状により従軍！　戦争という人間にとって、してはならないことに関わり、同じ部隊の兵舎に集い、同じ釜の飯を喰い、戦後シベリアに抑留され、収容所で昭和24年末まで戦友と辛苦を共にしてきました。

或る人は既に忘却の彼方に消え去り、或る人は耐え難い忌まわしい過去を閉ざしている。しかし、消そうとしても消すことのできない、人間同士が共に憎しみ合い、殺し合うという真に残酷な体験を強いられ、その傷痕は、勝者にも敗者にも、お互いを取り巻く周囲の人々にも、その影響を及ぼしている。

単なる語り草ではなく現実に味わい、日常生活に多大な痛みと無念さを背負いつつ、さらに思いを馳せれば、軍籍に在りし時、満州の荒野で亡くなった人々、あのシベリアで飢えと寒さと強制労働のしごきの中で、無念なる命を失った人々の事を思えば、再び犯してはならない過ちを防ぐために、ありのままの事実を記述し、次の世代に遺さなければならない―

かつての日本は神国であると云われた、精神がすべてに存在する「〝唯心論〟軍国主義」に洗脳され、物質が存在する弁証法を根源とする「〝唯物論〟共産主義」に翻弄された時代から、如何に生きるべきか、如何に生命を繋ぐべきかについて、戦後75年目に、私の経験した哀歓を著述し、抑留中にドイツベルリン・フィルアコーディオンソリストに学んだことを活用して、シベリア抑留の恩讐を乗り越えた音楽人生の生き方を〝唯生論〟として、すべての方々に伝えたいと思いを起こし、日夜、過去の真実の原稿と向き合うこととしました。

唯生論　シベリア抑留の恩讐を乗り越えた音楽人生

目次

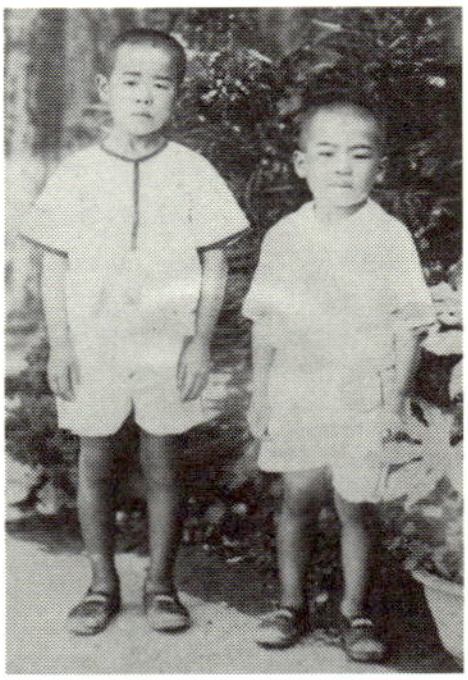

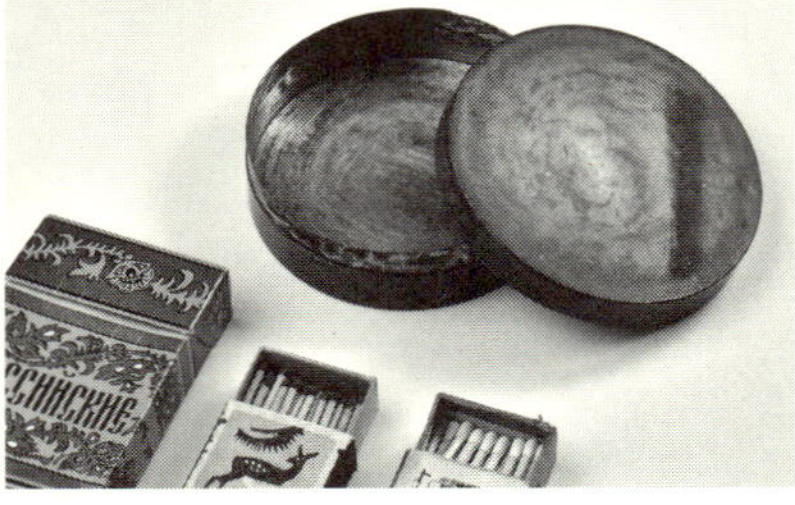

ソ連領内日本人収容所分布概要地図

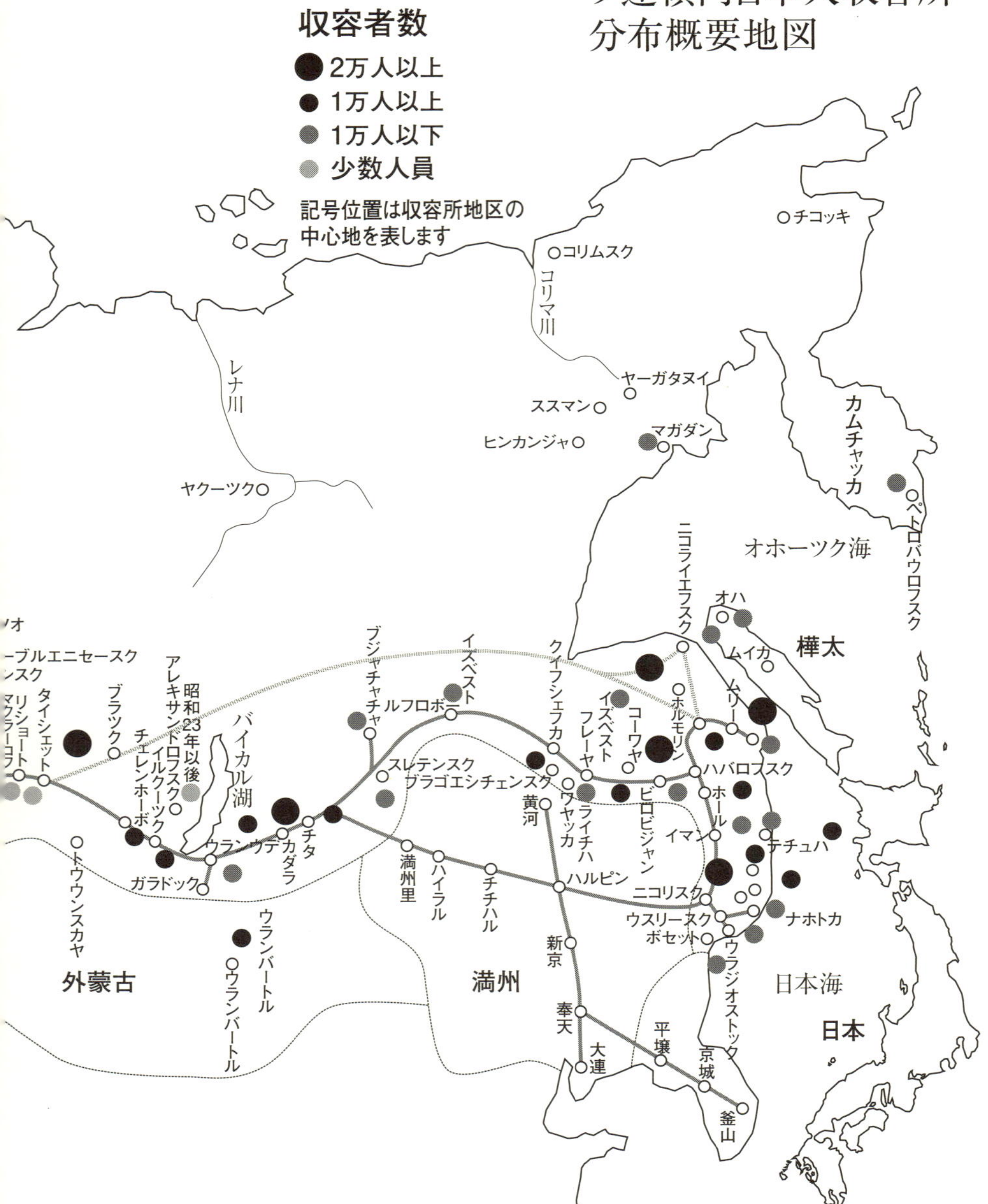

厚生省援護局「引揚げと援護三十年の歩み」を原本に編集（収容所近隣の都市名を編集）

強制連行されし者
五十九万四千名
心身障害・病者となりて
送還されし者
四万六千名
異国の土と化せし者
五万五千名
その総労働日
七億日
戦場におとらぬ
犠牲を生みつつ
我等ソ連抑留者は
「賠償に代わるべき
労役の提供者」として
その任務を全うし
生還した。

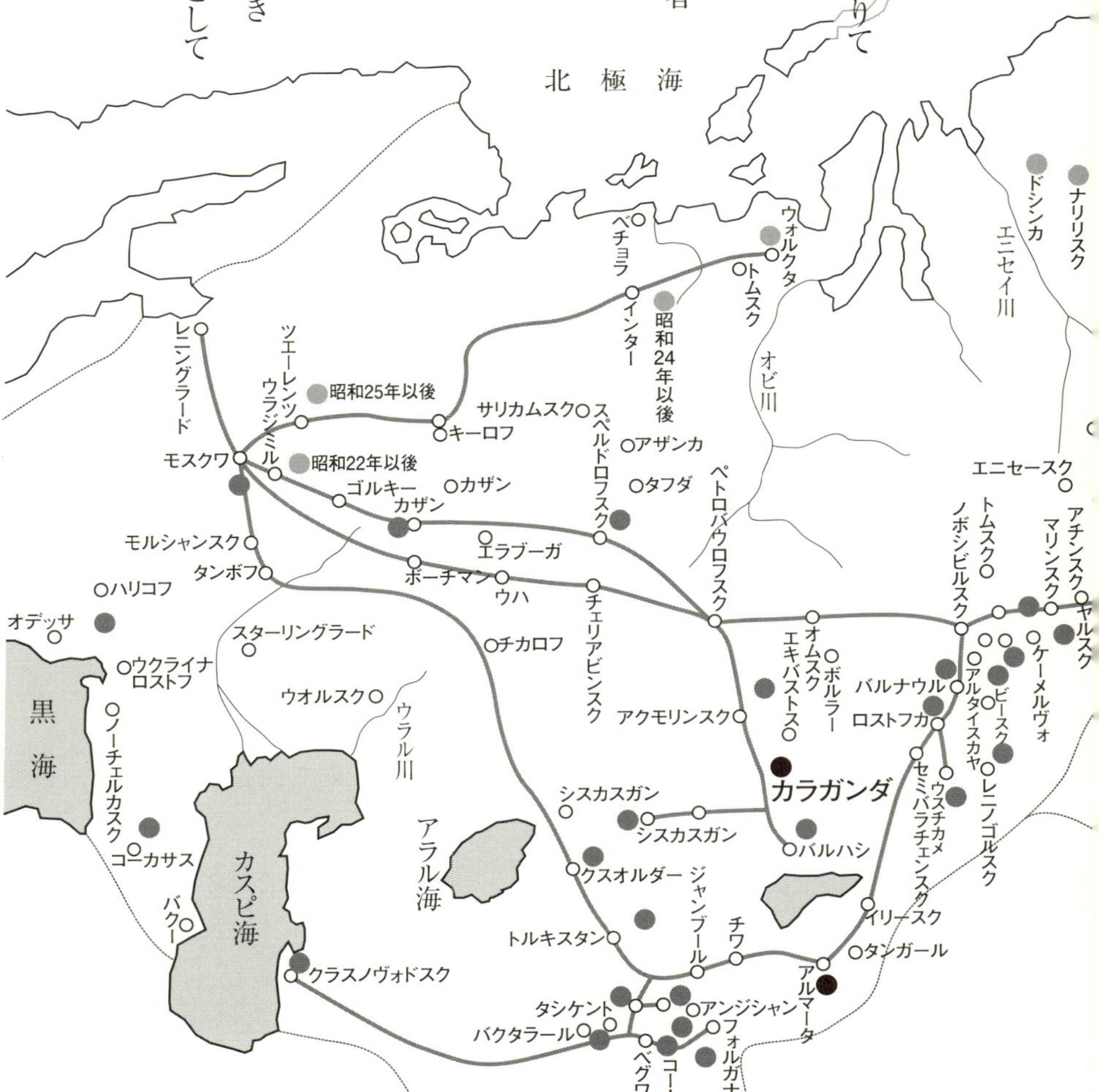

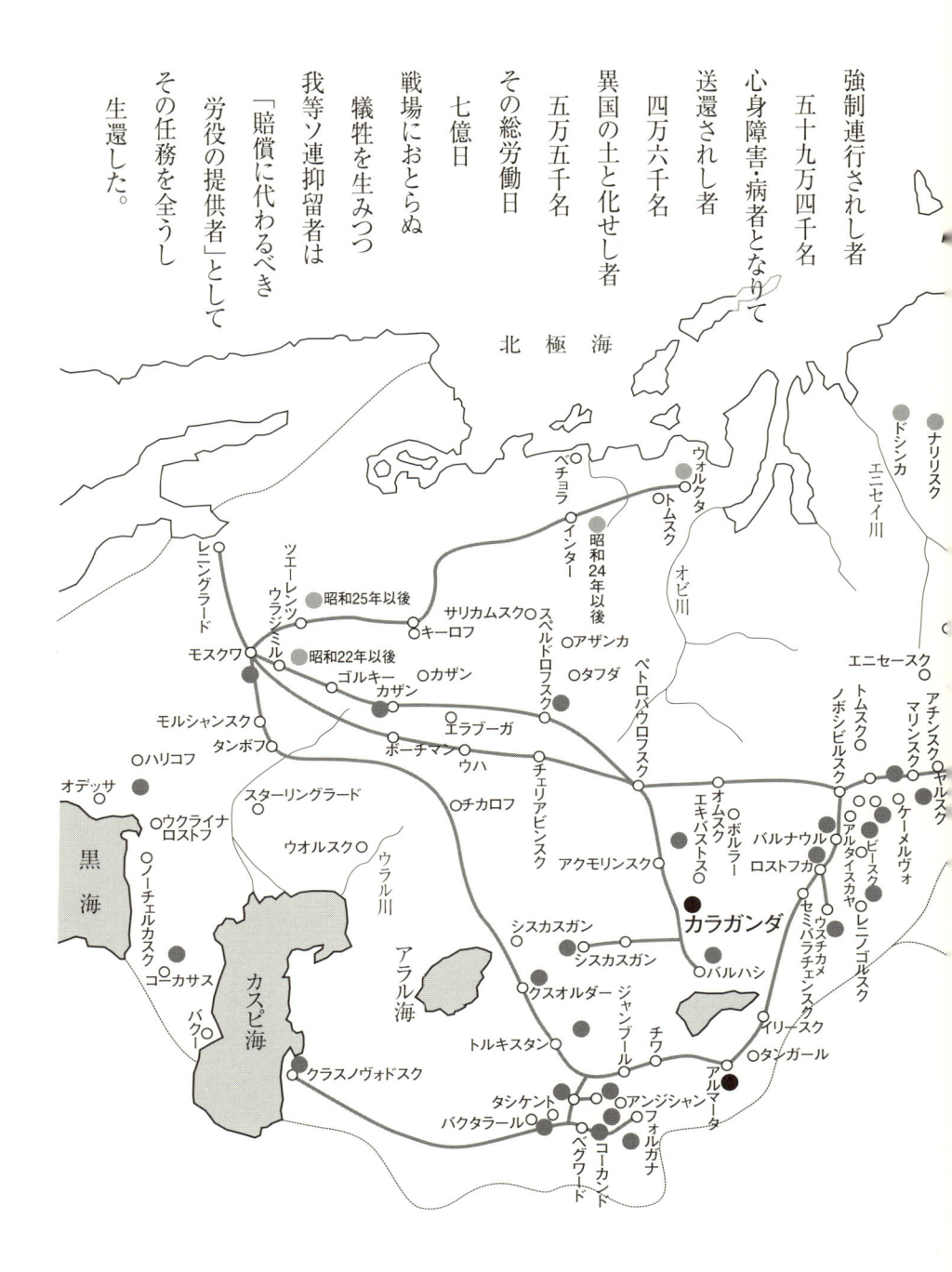

資料編—1

貧しい農家の長男として

●右より
母、母方の叔父、本人（唯介）、祖母（育ての親）

●小学5年生のころ（右は小学1年の弟）

戦地へ

●昭和19年11月10日出征(加古川より)
翌、昭和20年1月10日舞鶴重砲兵連隊に入隊
2月18日満州第860部隊に転属

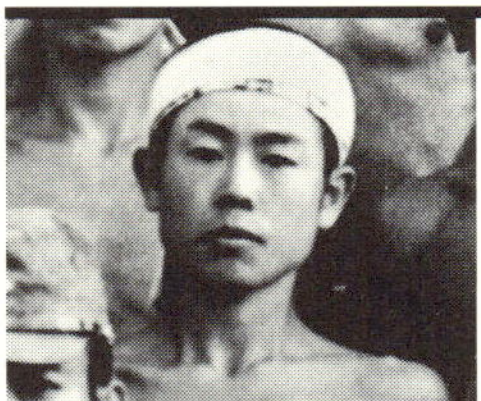

●赤穂健民修錬所修了
[昭和19年10月]

シベリアから引揚げ

●復員後お世話になった杉本家

●入院先で

指の手術のために入院した病院の屋上で、私の歌に合わせて踊った

●唄声喫茶出演準備時代［昭和25年］

復員帰還後、アコーディオン演奏を人生の糧とするため、演奏の準備をはじめた

●唄声喫茶の人達と（高砂浜にて）［昭和30年代］

音楽講師

●32歳の時、セティミオアーチストⅥアコーディオンを42万円で購入

●友人服部君（左）と。いつもアコーディオンと一緒だった

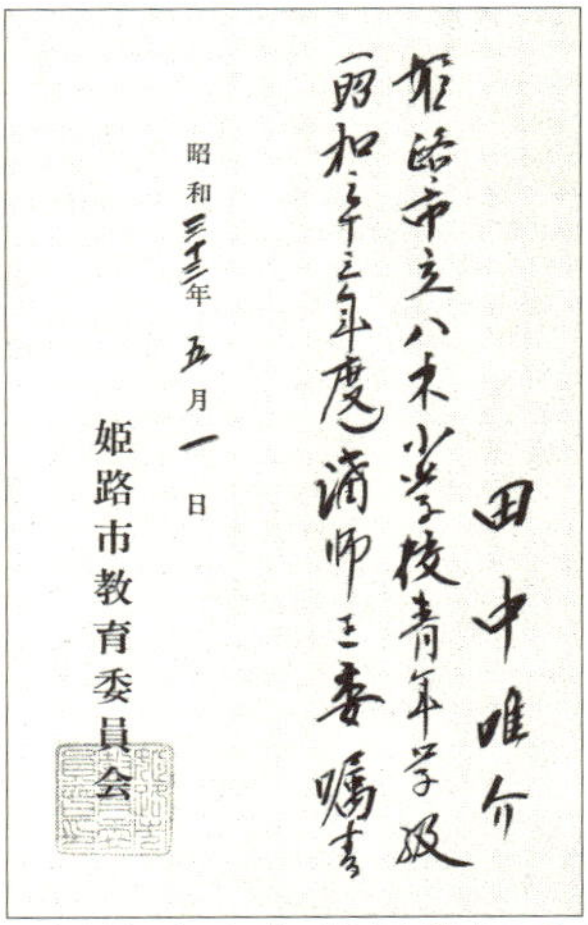

田中唯介

姫路市立八木小学校青年学級
（昭和三十三年度）講師に委嘱する

昭和三十三年五月一日

姫路市教育委員会

●姫路市青年学級講師委嘱書
［昭和33年5月］

●鐘紡高砂文化学院音楽講師時代
［昭和40年―49年］

●姫路電信電話公社コーラス指揮

音楽家として

藤山一郎先生（78）と私（64）

田端義雄先生と私

友情の輪・ソ連船友好会

●ソ連領事館員との交流（田中音楽堂店前にて）

左から領事、本人、妻、副領事

●ソ連船員との船内交流パーティー

田中音楽堂

●田中音楽堂の歴史

資料編—4

舞鶴への思い

舞鶴引揚記念館
舞鶴市長より感謝状
を授与
［昭和63年4月31日］

作曲家として

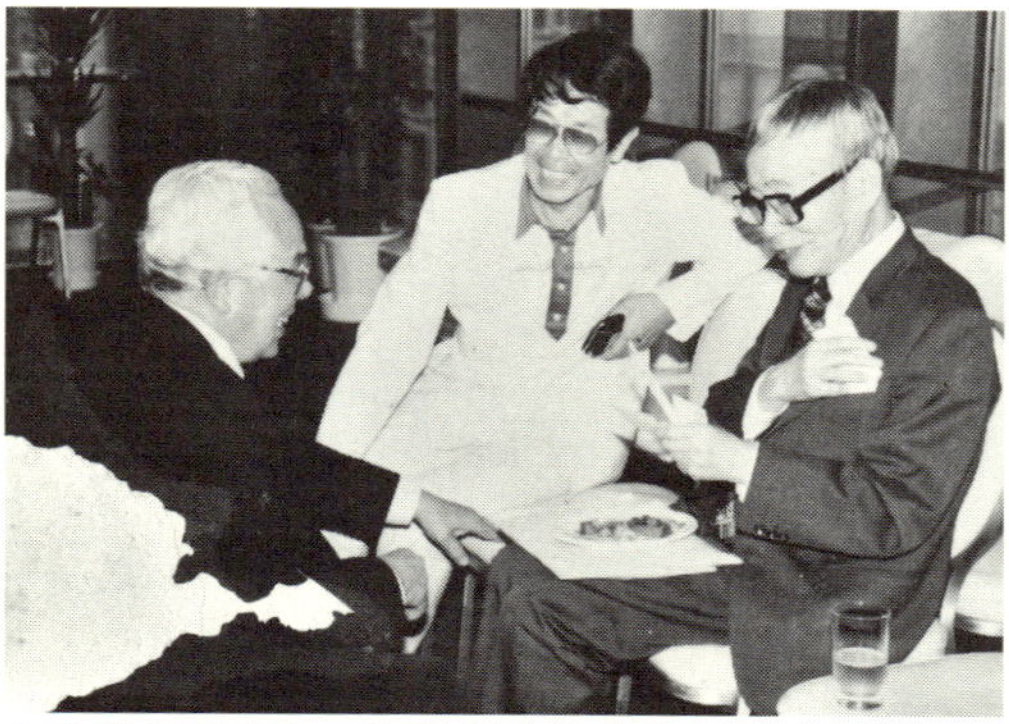

●高砂行進曲の打ち合せ

作曲家の高木東六先生（右）と本人、作詞家成瀬先生

感動の声 全国から

公演後には多くの感想が寄せられる

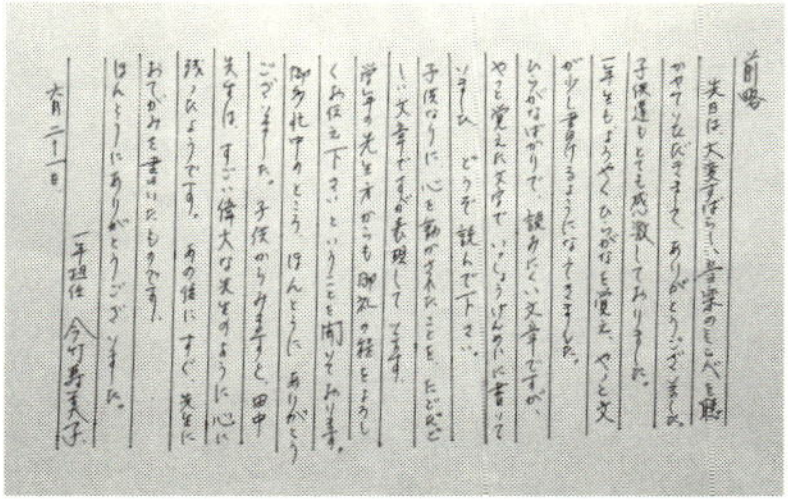

前略
先日は大変すばらしい音楽のしらべを聴かせていただきまして ありがとうございました。

子供達もとても感激しておりました。

一年生もようやくひらがなを覚え、やっと文が少し書けるようになってきました。

ひらがなばかりで、読みにくい文章ですが、やっと覚えた文字で いっしょうけんめいに書いております。

どうぞ読んで下さい。

子供なりに心を動かされたことを、たどたどしい文章ですが表現しております。

学年の先生方からも御礼の話をよろしくお伝え下さい、ということを聞いております。

御多忙のところ、ほんとうにありがとうございました。

子供からみますと、田中先生は、すごい偉大な先生のように心に残ったようです。あの後にすぐ、先生におてがみを書いたものです。

ほんとうにありがとうございました。

六月二十一日
一年担任 今村寿美子

担任先生からの礼状

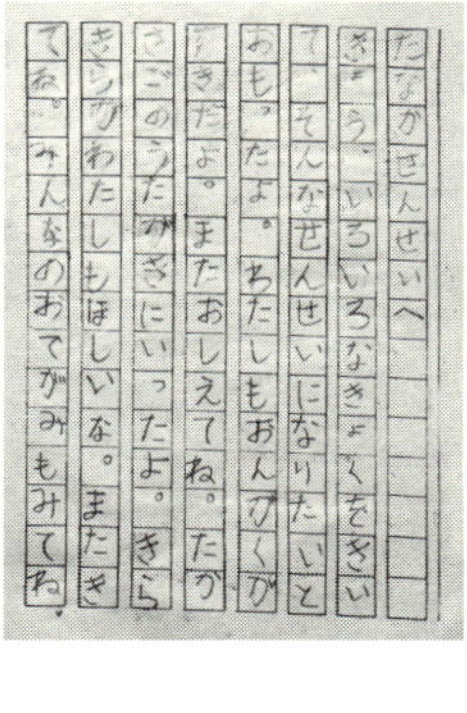

たなかせんせいへ
きょう、いろいろなきょくをきいて、そんなせんせいになりたいとおもったよ。わたしもおんがくがすきだよ。またおしえてね。たがさごのうたがきにいったよ。きらきらわたしもほしいな。またきてね。みんなのおてがみもみてね。

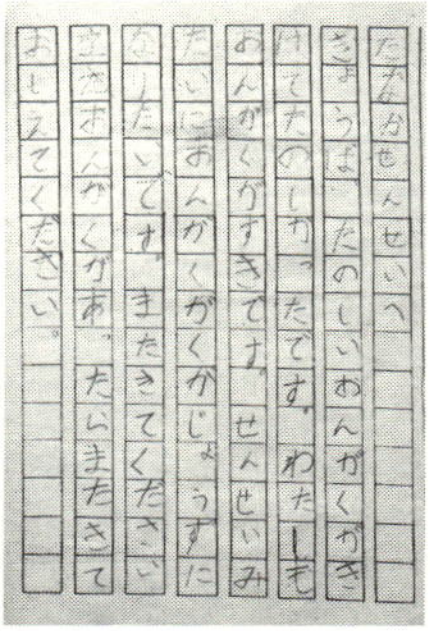

たなかせんせいへ
きょうは、たのしいおんがくがきけてたのしかったです。わたしもおんがくがすきです。せんせいみたいにおんがくがかじょうずになりたいです。またきてください。[illegible]おんがくがあったらまたきておしえてください。

子供からの感想文

略歴

生誕　大正14年11月10日兵庫県加古郡阿閇村（現、播磨町）生まれ
住所　兵庫県高砂市在住
職歴　昭和16年4月東亜金属工業株式会社魚住工場入社（東亜金属工業青年学校卒業）
修練　昭和19年10月赤穂健民修錬所修了
出征　昭和19年11月10日召集令状
兵役　昭和20年1月10日舞鶴重砲兵連隊に入隊
　　　同2月18日満州第８６０部隊（独立野戦高射砲第88大隊）に転属
抑留　昭和20年10月第99地区カラガンダ第11分所収容
　　　昭和22年同第９分所
　　　昭和23年同第16分所
　　　（ドイツベルリン・フィルアコーディオンソリストに学ぶ）
引揚　昭和24年11月舞鶴港に引揚
職歴　昭和25年4月頃から関西合唱団団長の宝木実氏よりアコーディオンの弾き歌を学ぶ
　　　昭和30年3月自営業、田中楽器店を創業
　　　（その後田中音楽堂に改め、音楽教室を設立）
　　　昭和33年5月姫路市教育委員会・加古川市教育委員会（生涯学習）の講師

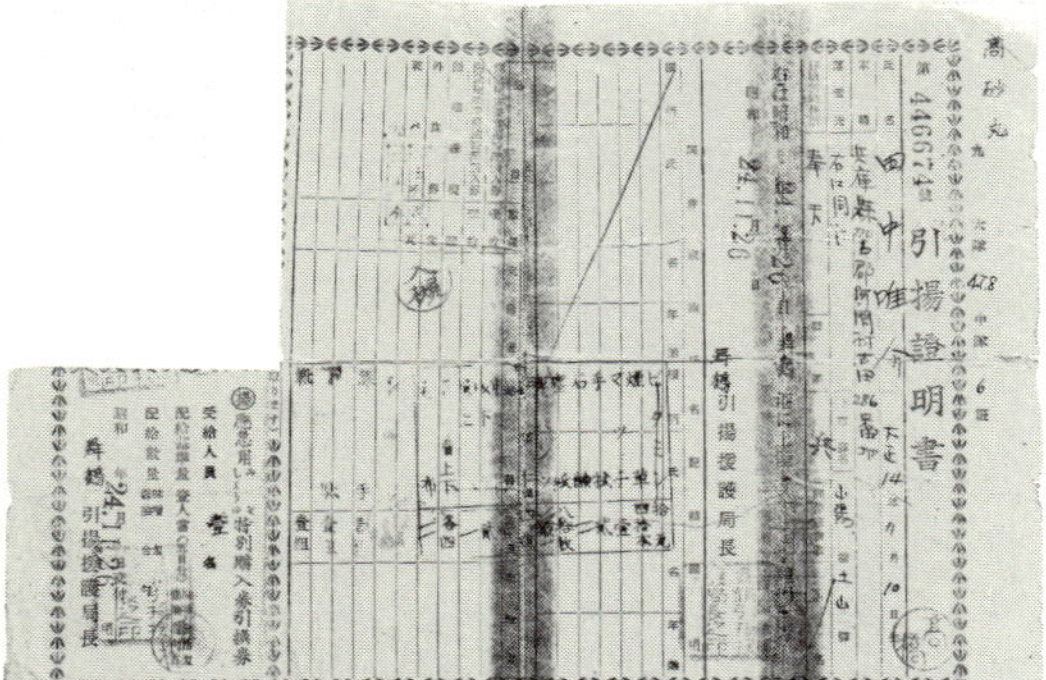

引揚證明書　昭和24年11月26日

昭和35年4月全日本アコーディオン連盟公認教授
就任
昭和40年2月NHK学園高等学校鐘紡高砂文化
学院音楽講師就任
昭和56年6月日本作曲家協会会員として証認さ
れる
平成2年10月日本音楽著作権協会より委託記者
と証認される

【賞】

舞鶴市長感謝状、日本作曲家協会功労賞、兵庫県
高齢者特別賞ほか。
姫路護國神社名誉会員。

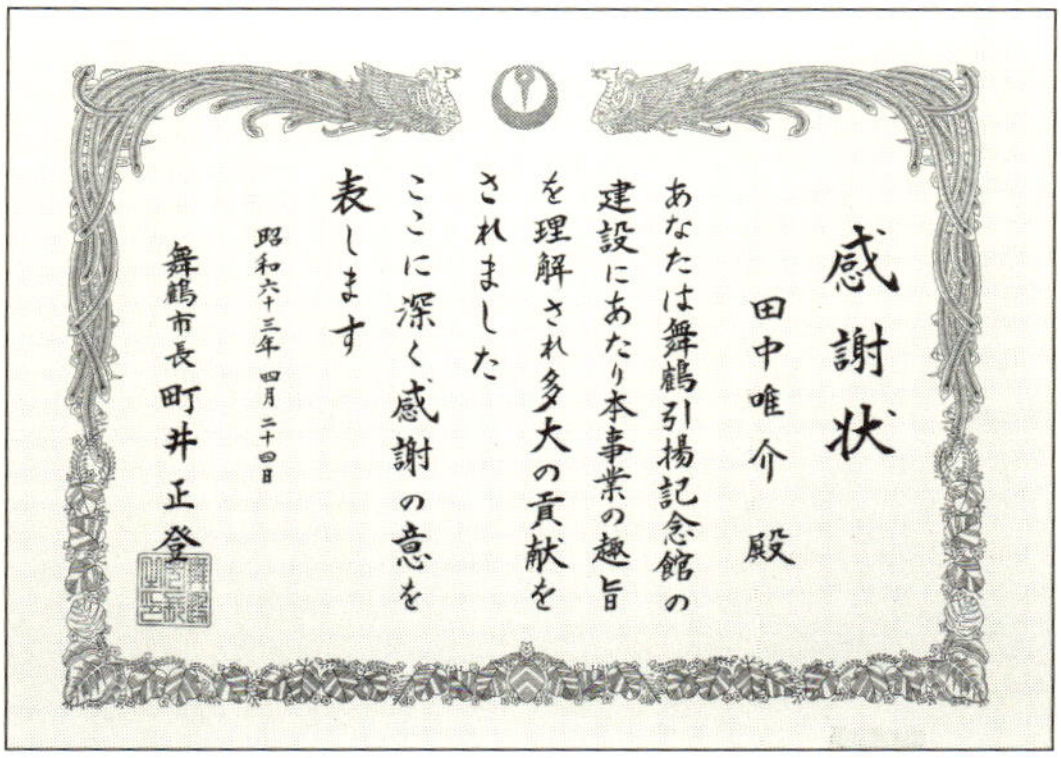
感謝状

田中唯介 殿

あなたは舞鶴引揚記念館の
建設にあたり本事業の趣旨
を理解され多大の貢献を
されました
ここに深く感謝の意を
表します

昭和六十三年四月二十四日

舞鶴市長 町井正登

感謝状・舞鶴市 昭和63年4月24日

巻頭インタビュー

森谷「田中さんにとって、シベリア抑留、ロシアの音楽とは？」
田中「音楽は人生を後押ししてくれた宝物です」

シベリア抑留中の音楽・文化活動は、その後の日本人に大きな影響を与えたと言われています。ロシアと日本、二つの音楽文化の相互作用の研究を進める日本学術振興会特別研究員（大東文化大学）の森谷理紗さんが、田中唯介さんに行ったインタビューの様子を巻頭でご紹介します。

田中さんは、シベリア抑留中に、ベルリン・フィルハーモニー管弦楽団の音楽家達に触れ、彼らから学んだことで、帰還後、音楽家としての人生を歩み出します。

（インタビュー内容は、田中さんの話と資料に基づくものです）

森谷理紗（音楽学・作曲）

プロフィル

東京藝術大学卒業・同大学院修了後、渡露。ロシア国立チャイコフスキー記念モスクワ音楽院にて博士号取得（音楽学）。その後同音楽院作曲科3年に編入し、卒業。11年のロシア生活を経て、２０１７年帰国。現在、日本学術振興会特別研究員（大東文化大学）。神奈川県在住。

寂しい小学生時代　音楽が唯一の楽しみ

森谷　本日は貴重な人生のご経験についてお伺いできるということで非常に楽しみにしております。戦前、戦中、シベリア帰還後の田中さんのご経験から、異文化のロシアの文化や歌などが、どのように日本に伝わってきたのかということを、教えていただけたらと思います。はじめに、子どものころの音楽との出会いについて教えていただけますか。

田中　僕は大正14年11月10日、兵庫県播磨町生まれです。小学校1年生のころ、担任の女の先生が弾くオルガンの音色が大好きでした。あまりにも好きで、休み時間に勝手に弾いて先生に叱られたほどです。その時から、いずれは音楽をやりたいなあとひそかに思っていました。

森谷　ご家族に音楽をされている方がいらっしゃいましたか。

田中　うちは百姓で、そういう人はいません。僕には4つ違いの弟がいて、家族は満州の営口市にいたのですが、弟だけ満州で育っています。

僕は祖父の弟夫婦に預けられ、学校のみんなからはジジババ育ち、チビスケと言われて、泣き虫で、毎日寂しいと泣いていました。

家は農家ですから、朝4時に起こされて、小学校に行く前に畑仕事をして、それから学校に行って、帰ってきたらまた田んぼ。寝るのはいつも夜の10時ごろでした。また朝の4時に起こされて田んぼ。そんな寂しい小学校時代を送っていて、学校の唱歌とオルガンに憧れて、音楽が唯一の僕の楽しみでした。

森谷　アコーディオンとの出会いはいつですか。

田中　小学校5年か、6年のころに、友人からアコーディオンを借りるわけです。そのころは手風琴と呼んでいましたが、ただ単に8ベース。そのアコーディオンを借りて弾いていたら、おじいちゃんが怒ってね、こんなものはやめておけ、田んぼせえ、草刈りせえと。

森谷　そういう環境だったので、音楽は癒やしになったことでしょうね。弾き方はどうやって学びましたか。

田中　教えてもらう先生もいないし、自己流で弾いていました。そして、昭和16年に東亞金属工業株式会社に入社して、8円25銭の月給から、1年ほどお金を貯めて、そのお金で18ベースのトンボアコーディオンを買ったんです。昭和17年9月23日、17歳の時でした。

東亜金属工業の企業案内表紙

森谷　そのころはどんな歌を歌っていたのですか。

田中　小学校のときには唱歌。流行歌では東海林太郎さんとか藤山一郎さんとか。中でも『名月赤城山』はとても印象深く残っています。

終戦　シベリア収容所　ベルリン・フィルとの出会い

森谷　軍隊への入隊は、昭和20年、舞鶴重砲兵連隊ですね。このころはどんな歌を歌っていましたか。それはどのように覚えたのでしょうか。

田中　どんな歌を歌っていたか具体的に思い出せませんが、士気を鼓舞するような曲を歌っていたと思います。歌はラジオで聞いていました。

昭和20年に満州に渡り、昭和20年8月15日に奉天で終戦。それからカザフスタンのカラガンダへ送られました。9月初旬にたって、約40日列車で運ばれ、収容所に着いたころには10月の終わりになっていたと思います。

収容所では、粘土掘り、煉瓦工場、建築労働と、腹ペコペコ、ヘトヘトでしたね。前触れもなく、移動させられ、3回収容所を変わりました。

森谷　3回目の収容所で大けがをされるのですね。

田中　23年2月、寒い時期の夜に材木を荷下ろしする作業に駆り出されました。そこで転倒して負傷して、指が凍傷になって、肩も脱臼して。帰還後は病院で何回も手術をするのですが障害は残りました。右上肢の著しい機能障害3級です。

森谷　『カラガンダ小唄』ってありますよね。替歌とか、収容所で歌われた曲はありましたか。

田中　ありますね。収容所の中に合唱団がありました。私は、ソビエトの国歌をロシア語で歌えるようになりました。自分の身を守るために歌うんです。昭和23年11月7日の革命記念日にロシア語でソビエト国歌を歌って。ベルリン・フィルハーモニーの伴奏でした。

森谷　ちなみにそれはどこにいた時ですか。

田中　第16分所です。同じ収容所に、20人ほどベルリン・フィルが来ていましたから。そこで音楽を習うことになるんですけれども、『美しき青きドナウ』とか、『チゴイネルワイゼン』とか、ロシアの歌とかの勉強するということで、音楽を習うことの許可を得たんです。

森谷　同じ収容所の中にいたんですね。

田中　そうなんです。16分所というところがすごく大きくて、2,000名ほどいましたね。別々の建物のところに、日本人がいるところとドイツ人がいるところがあるんです。他の国の人もいましたよルーマニア人とか。ベルリン・フィルの人は、20名ほどいましたね。バイオリン、ビオラ、コントラバス、チェロ、それから、ラッパの人が2~3人おったかな。太鼓、中にアコーディオンの人がいた。うまいんですよ。真っ白なアコーディオンでね。

森谷　その人に教えてもらったんですか。

田中　そうです。名前は忘れました。名前は忘れましたけれども、曲は覚えて帰ってきました。

収容所でのコンサート　楽団・劇団活動

森谷　ベルリン・フィルの人たちはどうしてそこに来ることになったのでしょう。

田中　それは私は知る由もないです。そういう話をしませんし、「なぜ来たか」ということは聞きません。聞いても言いませんね。ロシアの決めたことですから。ドイツも敗戦国ですから、ベルリン・フィルの団員は200名近くいたんですけれどもね、その人たちをみんなバラバラにしたんでしょうね。みんな楽器は持っていました。

森谷　音楽を演奏させる目的で連れてきたと。そういう人たちなんでしょうか。

田中　でしょうね。ベルリン・フィルとやるときはね、僕らの収容所の近くの地元のロシア人も聴きに来ていましたよ。

森谷　収容所の中のコンサートですか。

田中　そう、コンサートを聴きにね。舞台がありました。食堂です。食堂に舞台がちゃんとあって。そうやね20～30人上がればいっぱいかな。小さい舞台でしたね。食堂には400人から500人ぐらいが集まって聴きました。

森谷　それを夕食のときに?

田中　夕食のときに、演奏してくれたんです。日本人の楽団もありましたね。合流してやってましたね。

森谷　日本の楽団は、カラガンダで結成された楽団なのですか。

田中　そうそう。

森谷　カラガンダの文化的な活動について教えていただけますか。

田中　楽団もおったし、劇団もあったし、新星劇団。

森谷　それがカラガンダにあったんですね。写真を見たことがあります。それがカラガンダだったんですね。

田中　そうですよ。第11分所かな。

森谷　田中さんがいたのは楽団ですか劇団ですか。

田中　劇団です。

森谷　新星劇団ですね。田中さんはそこに入っていたんですか。

田中　入っていました。子役をしていました。体が小さかったから子役です。子役に女役ね。

森谷　どんな感じの劇ですか。音楽劇みたいな感じですか。

田中　音楽劇じゃなくてね、劇です。ほかにもいろんなことをやりました。ロシア民謡の会とかね。合唱団ですね。

森谷　それはロシア人に教えてもらうような感じなんですか。

田中　いや、日本人の日本の楽団で歌って覚えたんですね。ロシア民謡とか日本の『赤とんぼ』とか『故郷』とか、そんな曲も一緒にやってましたね。合唱団は15名ほどおりましたかね。

民主運動、思想教育と文化活動

森谷　それはみんながやりましょうって集まったんですか。

田中　そうです。呼びかけがあってね。

恐れ入りますが
切手をお貼り
下さい

郵便はがき

673-0877

兵庫県明石市
人丸町二―一九

㈱ペンコム
愛読者カード係

ご購読ありがとうございました。ぜひ、ご感想をお寄せ下さい。
このカードは小社の今後の出版活動に役立たせていただきます。
お寄せいただきました情報は個人情報保護法に則り、責任をもって管理致します。

ご住所	郵便番号	
お名前		年齢
ご職業	ご購入書店名	
ご購入の動機		

— 愛読者カード —

●書名

●本書に関するご感想をお寄せ下さい。

メールの場合　office@pencom.co.jp

FAXの場合　078-959-8033

●お寄せいただきましたご感想を弊社のウエブサイトなどで、一部掲載させていただいてよろしいでしょうか。

（　可　　匿名で可　　不可　）

●本書をお求めになったきっかけを教えて下さい。

□店頭で見て　□書評・紹介記事をみて　□ウエブサイトを見て

□知人の紹介　□その他（　　　　　　　　）

ありがとうございました。今後の活動に役立たせていただきます。
今後ともペンコムの刊行物をよろしくお願いします。

株式会社ペンコム　http://pencom.co.jp

森谷　ソ連の文化教育思想教育とかですか。

田中　民主運動、思想教育です。

森谷　その民主運動の中で文化的なこととかも教育されていたと思うんですけれども、それの一環の中で結成されたのですか

田中　そうそう、募集してね、食堂に楽団員募集とか貼り紙があってね。

森谷　民主運動のひとつなんですか。

田中　そうですね。

森谷　歌詞は、日本語だったりロシア語だったりということですね。ロシア語で歌詞がついていないような曲は、日本語の歌詞にするっていうことをカラガンダの中の日本人がやっていたんですか。

田中　そうですね。

森谷　誰かひとりの人が歌詞を決めてるっていう感じですか。それともみんなで集まってですか。『ソビエト歌曲集』はどんなふうに曲が集められたかってご存じですか。

田中　新聞社がハバロフスクにあったのかな。そこが編集したように聞いています。

森谷　いろんな地区にいろんな日本人がいて、ロシアの曲はひとつでも、いろんな風に訳されていたと思うんですね。田中さんのいた収容所ではちょっと違う風に日本語がついていたよっていうようなことはありますか。

田中　僕はカラガンダ小唄のことぐらいしか知りませんね。たくさん歌っていましたけれども。『カチューシャ』とか『トロイカ』とか『ともしび』とか。それをロシア人からロシア語で覚えてね、職場の中でロシアの一般の人から教えてもらいました。一緒に働いていましたから。粘土掘りも建築もロシア人と一緒にやっていましたから。現場は一緒だったんです。

革命記念日にロシア語でソビエト国歌歌う

森谷　ロシア人がみんなで集まると、必ず始まると言われる合唱とかも聞かれたんですか。

田中　そうですね、ロシア人は音楽が好きですからね。踊ったり歌ったりすぐしていました。それを聞いていましたね。

森谷　その歌を聞いたときの印象はどうでしたか。印象というか驚きというか。どんな感じでしたか。

田中　日本の童謡とはまた違ってね、大陸的な、寂しい曲もあって。『トロイカ』なんかも悲しい曲で、それを日本のカチューシャ楽団が編曲して、楽しい曲にしたんですけれどもね。

森谷　じゃぁ、一緒に作業しながら、こんな歌があるよとか、そういうことなのですか。

田中　そうそう。だから僕にとっては、ロシアの歌は、どちらかと言うと、あったかく癒やしてくれるっていうか、温かみのある感じがしました。

森谷　革命記念日に、ロシア語でソビエト国歌を歌ったときのことをもう少し教えていただけますか。

田中　ベルリン・フィルの伴奏で歌いました。そうしたら、収容所長が舞台に上がってきて、僕の手を握って喜んでました。
収容所長も音楽をすることは応援してくれました。民主委員会も応援していましたね。

でも中にはね、日の丸組がおったんですよ。「田中を消してしまえ」「殺してしまえ」と。だから僕は命覚悟で歌いましたよ。ヤジが飛んでましたから。「コラー！」って。歌っている最中に。それを民主委員会の連中が押さえ込みました。事件にまではなりませんでしたが。

それで収容所長がね、「何か田中さん言うことはないか」と言うので、僕はとにかく早く帰してくれと言いました。いっぱい働いたから日本に帰してくれと。

すると、来年には帰れるように収容所としても考えていると言っていました。

本当にその通り翌年に帰してもらえたんです。

森谷　すごい体験ですね。ほかに、映画の巡回とかはありましたか。

田中　ありましたね。映画。ロシア語でしたが。日本人ばっかりで見ました。映画会をやって。『シベリア物語』のほかに、『ロシア民謡の旅』とかね。

森谷　日本の皆さんは、ロシア語は理解できていたのですか。

田中　分からないです。でも映像で大体分かりました。

森谷　収容所の中でアコーディオンを弾いたことはありますか。

田中　ありますよ。借りてね。ドイツ人にね。

ソビエト国歌斉唱は生き延びるためのお守りのためです

森谷　先ほどの、思想教育とかも受けましたか。

田中　受けましたがはまり込みませんでした。

森谷　結果的に『ソビエト歌曲集』を日本に持ってこられたのも、ソビエトの国歌を歌って、表面上、共産党の賛美のようなことを示したわけでしょうか。

田中　そうです。信用を得るためです。生き延びるお守りですね。

森谷　田中さんにとって、音楽は生き延びるための手段だと。

田中　そう、手段です。

森谷　収容所では、それを意識して音楽に取り組んだということでしょうか。

田中　そうです。僕はね、何でも勉強するというのが、主義ですし、子どものころから朝の4時からたたき起こされて、夜の8時まで働かされてやってきていますから。一層音楽が好きになったのも逆境の環境の育ちからでしょう。

帰還後のくらしを支えたアコーディオン

森谷　帰還後はどんな生活だったのでしょう。

田中　シベリア帰りで仕事がなかったから、材木運び、石炭運び、運転手、土木作業、何でもやりました。入院して、指のけがの手術もして、おなかの筋肉を指に継いでいるんです。死ぬよりつらい人生でした。助けてくれる人と出会って、そういう人たちとの出会いがなければ、今の僕はないと思います。そんななか、12ベースのアコーディオンを買い、浜辺で弾いていました。

そうしているうちに、姫路の「モカ」という喫茶店から、アコーディオンをしているのなら来てくれんかなと声がかかって。謝礼はコーヒー1杯。それがいちばん初めのギャラでした。昭和31年頃かな。

声をかけてもらったおかげで、アコーディオンを弾きはじめてから、あちらこちらで歌おう会をつくってね。そうしているうちに、歌声酒場「どん底」のマスターから声をかけてもらい、ようやくアコーディオンで生計を立てられるようになっていきます。

森谷　アコーディオンが大好きで。

田中　そう。アコーディオンは僕の恋人です。

森谷　42年には、バイオリン曲をアコーディオンに編曲した大作『チゴイネルワイゼン』を発表されていますね。これは、抑留の労働の事故で指を失ってからの演奏ですね。相当努力されたんですね。

田中　もちろんです。徹夜でしがみつきました。アコーディオンに。毎日5時間ほどの練習をしました。

森谷　田中さんはいろいろなジャンルをお弾きになるのですが、その中で、田中さんにとってロシア民謡というのはどういう存在ですか。

田中　僕の音楽人生にとっての「中間的な存在」でしょうか。10代が古代だとすると、軍国主義の時代からソビエト・引き揚げ時代が中世期ですね。

帰還後はカチューシャ劇団からの誘いもありましたが、当時僕は、兵庫県高砂市で音楽教室をやっていたので行けなかったのです。

僕がシベリア抑留者の人と交流するのは、実は、昭和55年、31年ぶりに舞鶴を訪れ、『まぶたの桟橋、舞鶴よ』を作詞・作曲してからです。ここから音楽家として演奏活動を始めるのですが、そこからが現代、そんな感じですね。

森谷　田中さんにとって、シベリア抑留とは何だったのでしょうか。

田中　生きることを勉強した、ということですね。人間の心の温かさも知りました。すべての音楽から生きる力を学んだことですかね。

森谷　田中さんにとってロシアの歌とは何ですか。

田中　人生を後押ししてくれた宝物です。

シベリアでは、生きるためのことを覚えてきました。みんな死んでいくんです。低体温で。

凍傷、重労働、栄養失調…みんな死んでいく。そこから生きるためにはどうしたら良いか、ということを学んできました。そして、今日まで諦めることなく生きてきました。生きることが大事です。唯生きること。唯生論。これを皆さんにもお伝えしたいのです。

森谷　本日は貴重なお話をありがとうございました。

（２０１９年６月21日　兵庫県高砂市　田中音楽堂にて）

「唯生論」出版にあたって

兵庫県知事　井戸敏三

田中唯介さんのご著書「唯生論」が出版されます。心からお喜びします。第二次世界大戦後の4年余りにわたって、シベリア抑留生活を強いられた田中さん。想像を絶する過酷な状況を耐える中で、幼い頃に親しんだアコーディオンと再会し、音楽に一縷の希望を見いだしながら、見事に生還を果たされました。帰国後は、楽器店を営む傍ら、自作の楽曲によるアコーディオン演奏で各地を訪問し、シベリアの経験を人々に伝えてこられました。平成30年には、兵庫県高齢者特別賞を授与させていただいています。多くの仲間の死を間近で見ながら、自らも生死の境を潜り抜け、生き抜いてこられた方だけに、田中さんが語る「唯生論」は重みが違います。改めて、生命の尊さ、戦争の悲惨さを胸に刻み、新たな時代も平成と同じ、戦争のない平和な世としなければなりません。それだけに、田中さんが〝再び犯してはならない過ちを防ぐため、ありのままの事実を次の世代に遺さなければ〟と、アコーディオンを抱え、平和を訴え続けられていることは、本当に素晴らしいことです。生涯現役を標榜されている田中さんです。お体に気をつけながら、いつまでも元気に活動を続けていってください。

賛辞

田中唯介様

あなたは日頃から健康の保持に
努めるとともに永年音楽家として
音楽を通じたシベリア抑留経験の
伝承に尽くし県民文化の向上に大きく
貢献されていますその優れた活動は
県民の模範とするにふさわしいものです
ここに県民を代表して賛辞を
贈ります

平成三十年九月十八日

兵庫県知事　井戸敏三

兵庫県知事印

「唯生論」出版にあたって

兵庫県議会議員　山本敏信

このたび、「引揚を記念する舞鶴・全国友の会」副会長の田中唯介氏が、「唯生論」について上梓されましたことに、まずもって敬意を表します。

シベリア抑留から引き揚げられて数年後、わが町内の三菱製紙高砂工場グラウンド隣接地に、栄町商店街が新たに形成された際、その一角に「田中楽器堂」を創業されました。シベリア帰りのアコーディオン弾き、とその名を馳せられましたが、ご高齢の今も、お元気で音楽活動など、地元の高砂市内はもちろん、県内外でも精力的にご活躍されています。

実体験された戦争の悲惨さを基にされた「唯生論」は、一読の価値があると思います。人生百年時代、艱難辛苦を乗り越えられてきた経験則には、大いに学ぶものがありましょう。

いつまでもお元気で音楽活動などを通じて、世のため人のため一層の奮励をご期待申し上げます。

田中唯介さんのますますのご活躍を

高砂市教育長　衣笠好一

田中さんと初めてお会いしたのは、ある学校の職員室でした。音楽教育の発展にご尽力されておられて、その熱い思いを受け止めることに精一杯だったことを思い出します。

その後も、高砂町のご自宅に伺った時は、山陽電車の高砂駅でも目にしたあのアコーディオンを演奏されている姿と同じ優しく温かい笑顔に触れ、元気を頂きました。しかし、田中さんが多岐にわたり活躍されておられることを知ったのは最近です。シベリヤ抑留の体験を聞かせて頂いたのも最近、日本作曲家協会の功労賞を受賞されたのも最近知りました。

今は「人生１００年時代」と言われていますが、93歳になられた今も、お元気で活躍され、いつお会いしてもお歳を感じさせない田中さんに敬意を表します。

そして、この度は、貴重な体験を「唯生論」として出版されること、誠におめでとうございます。いつもお話してくださる「ただ生きる、ひたすら生きる」という深いお言葉がいっぱい、凝縮された内容であると想像いたします。また、田中さんの著書が多くの人に触れることで、平和の尊さや人としての生き方を考える契機となることを確信いたします。

シベリア抑留

極寒の地—地獄の日々を救った音楽

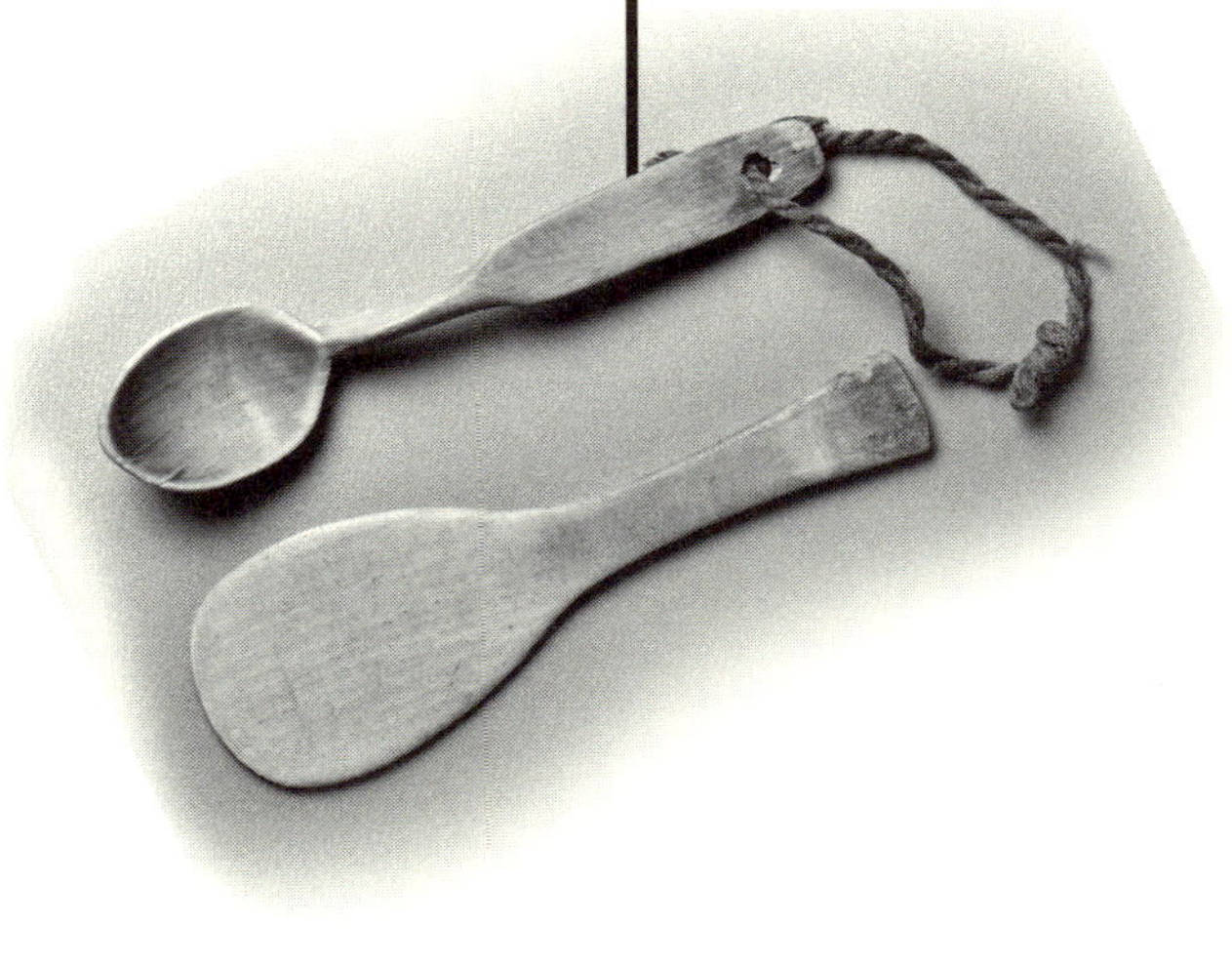

抑留中にはいろいろな物を手造りしました。
ガラス片で削り出したスプーンとシャモジ

幼少のころ―養父母に育てられて

私は、大正14年11月10日、兵庫県加古郡阿閇村（現、播磨町）の貧しい農村に生まれました。養子に来た父親は私の幼いころに離婚し、母親も満州の実祖父母のもとへ。義理の祖父母に私を預け、私は寂しく毎日泣いて暮らし、「ヂヂババ育ち」「チビスケ」と同級生からからかわれ、家は貧しく、毎日の弁当は、カツオの粉と漬物ばかり、栄養失調で痩せこけていました。

すべて小作農家で約1町2反の田畑があり、早い時期には毎朝午前4時頃に起こされ、手で草刈・田植・草取・田鋤・採切・麦作・米作・野作などの毎日。そんな中、小学校に行くと、オルガンを弾く先生に合わせて、童謡唱歌が楽しくて、ひそかに将来は音楽に憧れていました。

学校から帰ると、午後8時頃までは田圃ばかり。ある時、村の友人から、8ベースのアコーディオンを借りて弾いていると、義理の祖父の逆燐にふれ、楽器を返却されたこともありました。

実祖父は満州の営口市にいて、遠縁にあたる、歌手の東海林太郎氏に、私を預け勉強させることの事情も叶うこともなく、私は軍需工場で働くことになります。せっせと稼いだ給料を蓄えたお金でやっと、昭和17年9月23日、トンボ手風琴8ベースを手に。義理の祖父も許してくれました。（その後、シベリア抑留帰郷時には、楽器が捨てられていました）

軍隊のころ

日米戦争が始まって、明石の川崎航空機会社の下請会社の魚住工場で、徹夜で旋盤を握って働いていましたが、昭和19年4月から赤穂健民修錬所、同11月召集令状、翌年1月10日、舞鶴重砲兵連隊に入営。同18日、満州第８６０部隊（独立野戦高射砲第88大隊）第３中隊に転属しました。

昭和20年8月15日、奉天駅頭にて終戦の玉音放送を聞くが、ソ連軍の侵攻により、南下して大橋屯村落で露営。その後同8月23日武装解除され、小銃・帯剣・拳銃などはソ連軍にすべて取られ、ただし日露戦争の往時に倣ってか将校の佩刀は許されていました。

シベリア抑留列車

昭和20年9月頃よりマンドリン銃を装備したソ連兵監視のもと、奉天駅から1，０００名単位で列車に乗せられ、満州の北東、黒河に着きました。ソ連兵はしきりに、「ダモイトウキョウ」と言っていました。「ダモイ」とはロシア語で帰還のこと。私たち日本人は東京に帰れるものと信じていました。灰色の水面を流れる黒龍江を渡り、ブラゴエチエンスクで待っていたのは貨車。50名ずつ詰め込まれ、囲いも何もないトイレがあり、見て見ぬふりをしていても、音が聞こえる。音が聞こえないよう耳をふさいでいても匂いはする。どうにもやりきれない！ ガタゴト〴〵と、鉄路の鈍音が続く…。

何日目であろうか。貨車が止まり、ふと彼方を見ると海らしいものが見える。やれありがたい日本海だ！と喜び声はずませて、岸辺に下りて両の手で水すくい上げ口にすりゃ、塩辛くない。明らかに、これは真水だ淡水だ。海でなければ、ひょっとすりゃ、バイカル湖ではあるまいか。遠く冷たいアンガラの、ああこの道を引き返すのは何日の日か。思えばあまりの落胆に捕虜の兵士はヘナヘナと、その場に崩れ、唯茫然―哀れと云うより言葉なし。

抑留収容所

最初の大きな収容所で約20日間一人ずつ取り調べがあり、ここは約２，０００人の収容所（ラーゲル）第99地区カラガンダ第11分所でした。私の作業は煉瓦工場の地下約80米の大きな穴場の粘土掘り。腹が減ってへとへとになって働きました。毎日、カーシャと黒パンでは体が持たない。カエルやバッタまでも取って生で食べ、食べられそうなものは何でも口に。ある時、落ちていた黒いものを食べた戦友が数日後、死亡。馬の糞だったという。

夜は、シラミ・ノミに悩まされ、睡眠もできないほど。下の毛も剃らされ、ソ連女軍医が、全裸にして検査する。食が不足すると、獣同然別に恥ずかしくもない。私も20キロほども痩せていた。生きる事が死ぬより辛い毎日が続きました。

ある夜間作業中に大事件が起きました。私は寒さと飢えで貨車から転落。頭が裂け気を失い医務室へ運ばれるも、手の指が凍傷になって、左右の人指し指を切断。死んだ方が楽だと何回も思いました。

私の戦友数名の覚え書によれば、昭和23年2月中旬頃、カラガンダ99地区第16ラーゲルで、夜中に叩き起こされ、マイナス30度にもなる極寒の中での、材木貯木場で積荷の坑木おろし作業中に私は足を滑らせ、貨車の上から転落。頂頭部裂傷、腰椎部、右上肢を強く打撲、肩を脱臼し気絶…。戦友の坂本氏、山下氏、真川氏と笹本軍医が応急手当てをして、坑木と雪地に挟まれ、凍傷を負った両人差し指をドイツ軍医の執刀で、柴田軍医大尉、日向軍医中尉が立合いのもと切断。左人差し指1センチ、右人差し指2センチ短くなってしまいました。

音楽との出会い

カラガンダ地方の冬はマイナス40度、夏はプラス40度、つらく苦しい抑留生活が3年目を迎えるころ、収容所（ラーゲル）第16分所において、私は生きる光を見い出しました。同じラーゲルにドイツのベルリン・フィルの楽団員が20名程、食堂の舞台で〝美しき碧きドナウ〟などを演奏し慰めてくれたのです。その中にアコーディオンのソリストがいました。

何とかソ連側に交渉して、ロシア音楽からスペインのチゴイネルワイゼンまで耳コピーで習う許可を得ました。元来音楽好きな私です。素晴らしい演奏にたちまち、はまり込んでいきました。ロシア民謡からソ連国歌まで習い歌いました。〝汝は汝の敵を愛せよ〟を信念にして。音楽は私にとって、生き延びるための手段、自分の身を守るためだったのです。

昭和23年11月7日、ソ連社会主義革命記念日、ベルリン・フィル楽団の演奏により、私は、ソ連国歌、ギムサユースをロシア語で独唱したところ、収容所長は舞台へ上がり握手を求め、「オーチンハラショー」（大変良かった）と。翌日には黒パンを6個、部屋まで持って来て「クーシャチ、パジアールシティ」（どうぞお食べください）と笑みを浮かべていましたが、私は「早く日本へ返してほしい」と訴えました。

昭和24年11月、ダモイ列車はナホトカに着きました。引揚げ船が来るまでの土木作業中、土砂に埋まった戦友の手を私が手で引張り上げた時に、右肩を再び脱臼しました。

現在、右上肢の著しい機能障害3級となり、不自由なる手で、アコーディオンを弾き、工夫を懲らして語り、唄っています。京都府内をはじめ、近畿一円を中心に公演活動をしています。

不条理なる自殺と殺人

11分所から16分所と移動作業中、生活の改善を求めるため、通訳をしていたのが菅見習士官。ソ連側と交渉に当たっていた彼は、京大卒の〝ヒューマニスト哲学者〟でしたが、帰国後、国会の証人に喚問され、特に当時問題になった「徳田要請」の件で証言を求められ「語られざる真実」という小説を書き、苦悩の末、昭和25年3月6日、国電に飛び込み、鉄道自殺を遂げるという痛ましい事件がありました。

また、引揚船高砂丸が若狭湾にさしかかる頃、一人の男を船上に誘い出して「お前はロシアのスパイだ」と数名が寄ってたかって海中へ投げ込み、みるみるうちに沈んで行ったことを記憶しています。

舞鶴港―人生を変えた一瞬の出会い

シベリア抑留からの引揚者二、〇〇〇名を乗せた高砂丸は、昭和24年11月24日舞鶴港に入港、大円生検疫地に錨を下ろしました。同26日、東港に移動して、タラップが船体に取り付けられ、私が首から包帯で手を吊られていたのを見た看護婦さんが、左の腕を抱き「さあさあ、兵隊さん私に掴まって降りましょう」と…。

私は、その時の女性の白く優しい触れ合いに、氷のように凍った心がとけていくのを感じました。この出会いが忘れられなくなり、舞鶴港を訪れた昭和55年1月2日、舞鶴市赤野でなんとその時の看護婦さんと涙の再会。この再会に心が癒され、その後、私の人生が大きく変わっていくことになります。

「あれから40年、引揚げの街、舞鶴港を訪れた時、平の桟橋も今はなく、ありし日の引揚げ船の着いた港のさざなみのあつい想いは記念の丘にこだまして、よみがえる望郷の思い出も鮮やかに、ああまぶたの桟橋舞鶴港よ」…

忘却の悲しさを誓う演歌などを数多く作詞・作曲し、日本作曲家協会から功労賞も頂いて、哀歓のドラマ公演を続けています。これからも命の続く限り―

シベリア抑留の労苦に対して頂いた慰労状と銀杯と万年筆、手文庫
平成元年9月20日

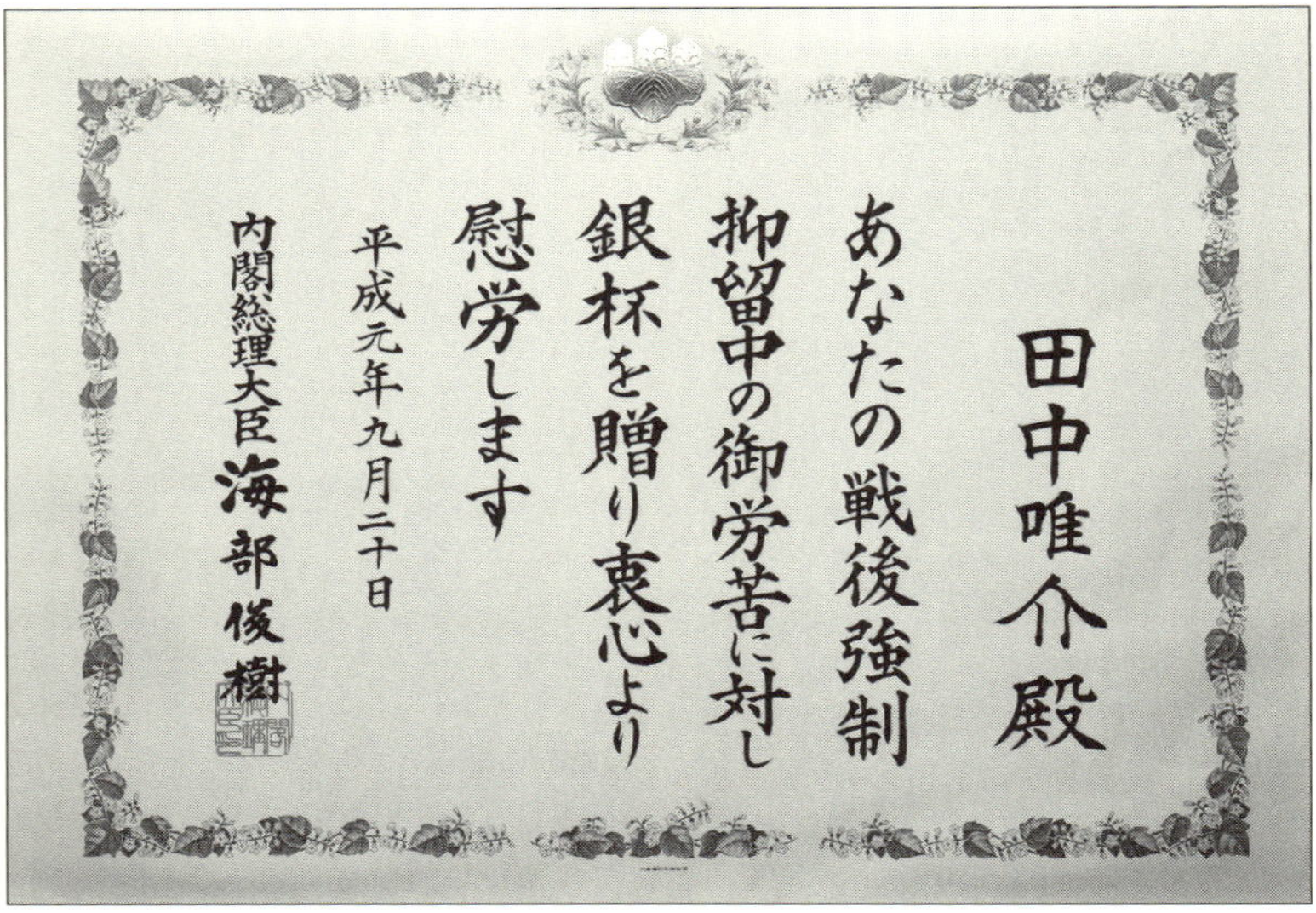

田中唯介殿

あなたの戦後強制
抑留中の御労苦に対し
銀杯を贈り衷心より
慰労します

平成元年九月二十日

内閣総理大臣 海部俊樹

生き延びるための手段の音楽が、人生の糧に

引揚——音楽活動

音楽活動

辛い運命の生まれ育ちを乗り越え、就職先でコツコツとためたお金で、アコーディオンを買い、音楽を友として生き始めようとした矢先、召集令状が来ました。約半年で終戦を迎えたのですが、死ぬより辛い、極寒のシベリア抑留生活が4年以上続きました。

帰還後は、今度は生活に必死で生きてきました。ただ、目指した音楽と共に歩む苦労は、それまでの苦労とはまた違い、目標のある、楽しい苦労でした。

播磨町から高砂町に来た昭和30年頃、家・楽器・車・営業店舗の借金をしましたが、それも8年ほどで完済できました。

アコーディオンを抱えて、合唱指導に姫路電報電話局・姫路郵便局・東芝姫路工場・姫路神姫バス・国鉄姫路駅などに出張。演奏は、ダンスホール・キャバレー・唄声酒場などで。また、教育委員会の音楽講師も務め、

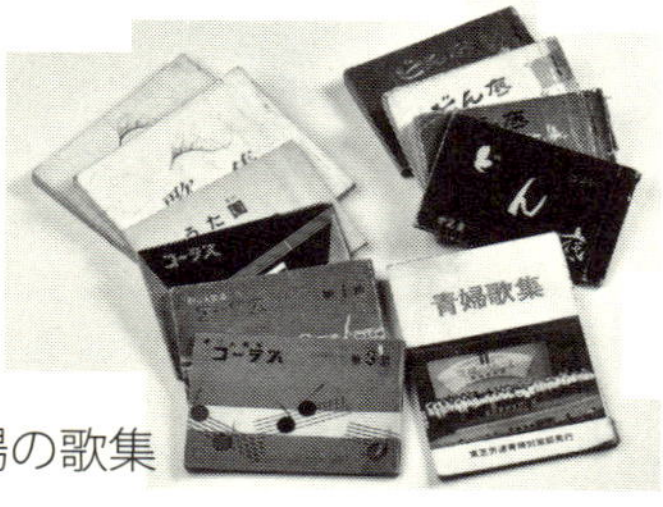

唄声酒場の歌集

ヤマハ調律学校で学び、修理依頼を受けて毎日、ピアノ約7台くらいを調律修理し、当時は楽器もよく売れました。

ＮＨＫ学園高校の講師も経験し、アコーディオン関連の発明特許も行い、自由で楽しく順調に音楽と人生を歩んできました。


私は死ぬより生きる事が辛い目に遭ったのだから、死ぬまでまだまだ思い通りに生きていきます。

死後の事は、生あるあいだに整理しておく。死後の考えは不要です。

30歳後半から国民年金を掛け、60歳から支給されて80歳くらいで元がとれ、いま94歳だから14年も得をしています。

がむしゃらに生きてきたので、死ぬことなどは怖くはないのです。

私は生涯現役、というより、生涯青春！

昭和33年1月から始めた、総合音楽教室は令和元年6月までに１，３８７名の生徒が卒業いたしました。

しっかり唯一の生き方をする。それをシベリア抑留から学びました。

「家《いえ》なし」「職《しょく》なし」「食《しょく》なし」
私のアコーディオン人生、「悔《く》いなし」です

私は大正14年11月、兵庫県加古郡阿閇村の貧しい農家の長男として生まれ、義理の祖父母に育てられました。

寂しい子供時代の心を癒してくれるのは、いつも音楽でした。友人からアコーディオンを借りたり、学校のオルガンを弾いたりしていました。

19歳で、日本の敗戦となる昭和20年1月に舞鶴重砲兵連隊に入隊、同年2月満州第860部隊へ転属し、8月15日、現地で終戦を迎えました。

日本に早く帰ってアコーディオンを弾きたかったのですが、旧ソ連軍の捕虜となり、シベリアへ。抑留中、生き残るためにロシア語を習ったり、わずかな食料や持物を授業料にあて、同じロシア収容所内のドイツ人音楽家に巡り合い、アコーディオンをロシア語で教えてもらったりしました。素晴らしいアコーディオンの弾き歌いに感動していたのもつかの間、昭和23年2月凍てついた材木作業で転落し、今でも残る、頭に7センチの痕跡と、凍傷となった手の指が切断され、目の前が真っ暗になってしまいました。

生きることが死ぬよりつらく苦しく、ひだるい、〝囚われの青春〟でした。アコーディオンなど弾けなくなって、ダメだと思って生きがいを失っていました。しかし、幼いころの苦労や、祖父に「苦しい時ほど頑張れ」と言われたことを思い返しながら、九死に一生の生命を得て、昭和24年12月、夢にまで見た故郷へ。シベリア抑留生活の傷ついた体で、舞鶴引揚桟橋に降り立ちました。実家に帰るなり、母親が泣きくずれ、私を育てた祖父が死んだことを告げていました。

引揚後、就職先を探しに出かけましたが、「職なし」で悲運の毎日が続き、石炭と木材を運ぶ日雇い暮らし。大好きなアコーディオンを学ぼうと、岡田博先生（故人）の門を叩きましたが、「その指では教えようがない」と言われるしかありませんでした。

それでも私は30歳代から鞭打って、不自由な指でアコーディオンにしがみつくように練習し、夜は明石・姫路の〝歌声酒場〟などでアコーディオンの弾き唄いを続けるのでした。

そうして蓄えたお金を基に「セティミオ・アーチストⅥ」を購入。当時のお金で42万円と家1軒が建つ程で、「食なし」で毎日、パンと水ばかり飲んで服も靴もボロボロ。それでも両手7本の指でアコーディオン人生に拍車をかけ、懸命に仕事をし、私の40歳代には田中楽器店を開業。その後、田中音楽堂になり、アコーディオン20数台を陳列するまでになりました。音楽教室も併設し、各地の企業専属講師や教育委員会講師、NHK学園高校講師等のほか、7台のアコーディオンを使い分けて、弾き唄いの演奏活動を行ってきました。7件の発明特許（実用新案）を取ったり、楽器の調律修理をしたりと、ありとあらゆることをしてきました。身障者でも音楽に自信を持ち、私の50歳代には田中歌謡学院を増設し、新人歌手「美山純子」（輝平順子）を世に出して、日本作曲家協会員として承認されましたので、昭和55年1月、引揚から30余年ぶりに舞鶴港へ出かけました。

ここで、当時の引揚船「高砂丸」から、大けがをしていた私を、桟橋を通って本土まで支えて歩んでくれた看護婦さんと、奇跡的に再会するのです。

引揚者の世話に全力を尽くされた田端ハナ先生をはじめ、現地の温かい情との触れ合い。

「寒さに震えたものほど、人間の心の温かさを知る」

母なる岸壁に呼び交わす細波、「飢え」と「寒さ」と「労役」のために僾く未だ帰らざる人々は6万人と聞く——

私は忘れようとしても忘れられぬ、止めどもなく流れる涙で悲しみの過去を伝える責任を痛感します。「まぶたの桟橋、舞鶴よ」を作詞・作曲し、アコーディオンで哀史の公演活動へと関西各地を行脚、舞鶴引揚記念館建設の発起人となり、基金の一部として7百万円余りを寄付させていただきました。

私は60歳代に入り、日本音楽著作権協会員と認められる一方、「引揚を記念する舞鶴・全国友の会」を呼びかけ、同記念館に事務局を置く全国組織へと拡大し、副会長に就任すると共に、平成6年4月には「引揚・平栈橋」が、賛同者すべての引揚者と連帯する人々の基金によって復元されました。

アコーディオンという楽器をありとあらゆる所で活用して、各地の公民館からカラオケ講師から、アコーディオンの弾き・唄い・語りまで、一生「悔いなし」のアコーディオン人生を続けていきます。

あの苦難の時代を偲ぶ時、「家なし」「職なし」「食なし」で良かったと、祖父から「苦しい時ほど頑張れ」と励まされた言葉の重みを噛み締めて忘れはしません。

毎日が慌ただしくて晴れやか、アコを障害の手で弾き、私の青春の証として演奏を続けていきます。

田中さんとの思い出

奈良県　杉本迪也

田中さんとの出会いは昭和29年頃、私が小学校6年生か中学校へ入学したばかりの頃だったように思います。何しろ65年ほど前のことでうろ憶えの上に断片的にしか思い出せません。間違いや失礼があるかもしれませんがお許しください。

当時父は大阪市上二病院へ勤めていました。そこで、入院患者さんの身の廻りのお世話をする付添婦さんの組合の責任者をしていたようです。そんな時に、手の指を手術する為に入院して来られたのが田中さんだったのです。

治療が進み、やがて退院して通院治療になるのですが、事情があって私達の家から通院されることになりました。田中さんはいつ見ても治療している手をお腹に当てておられました。その姿はずーっと続きました。お腹から移植した筋肉と右示指がつくまで動かせなかったのです。ちょっとでも動いたら痛かったでしょうに、永い間辛い思いをされたんですね。

そんなある時、音楽がすごく上手な田中さんに父が「子供の音楽を教えてやって欲しい」とお願いしたそうです。

近所の、いつもよく遊ぶ子らと一緒にロシア民謡を歌った記憶があるのですが、今思えばその頃の思い出だったのでしょうね。そしてこんな思い出もあります。

「歌う時はアクビをする時の感じで歌う」といわれたこともありましたね。そして始めたのが合唱でした。私はたちまちのめり込み、知らぬ間に病気―神経性の胃腸炎―のことも忘れてしまっていました。

ただ歌を歌うことが楽しくて楽しくてしょうがありませんでした。

50歳が目前になったとき、声楽を始めましたが、60歳を少し過ぎた時、喘息を患いました。今は慢性気管支炎が続いています。声楽も少し中断していますが、青春時代から70歳の頃まで、歌い続けられて本当に楽しく豊かな人生だったと思っています。

先日、田中さんに64年ぶりにお会いして、改めてあの頃を振り返った時、私を歌人生の入口に導いて下さった人こそ田中唯介さんだったように思えてきたのです。

本当にありがとうございました。

音楽教室と楽器工房（調律修理）

現在の田中音楽堂は、昭和30年4月に高砂楽器として誕生しました。営業資金も楽器陳列ケースも何もない、小さな四畳半の1階で、1本のギター弦を売るのに加古川の楽器店から3本買ってきて、というのが楽器店の始まりです。

およそ2年をかけてギター7台とアコーディオン3台、オルガン2台を陳列できたのは昭和32年8月頃。

その後、必死で習った調律修理工房と、アコーディオンを中心とする音楽教室と唄声酒場で借金を返済。１００曲近く暗譜し、唄声喫茶のアコーディオン演奏で生計を立て3軒の家を購入改造中、ようやく親孝行ができると思った矢に母親と死に別れます。

私の原点ともいえる戦争・抑留・引揚の哀切を伝えることが私の使命と、舞鶴港を訪れ、そこから一人4役公演を行えるようになりました。

年を長らえて、懐かしいメロディーを次々と依頼され、死ぬまで音楽と共に生きていきます。

コンサート会場での出張工房［1991年6月大阪市大正区］

田中音楽堂に20数台のアコーディオン陳列

二人の偉大なる師

シベリアからの引揚後、音楽家として生きていくまで、二人の先生から多くのことを学ばせていただきました。

東海林太郎先生と藤山一郎先生です。

初代歌手協会会長　東海林太郎先生は日本の歌謡界の原点を築かれ、1,300曲ものレコードを世に出されました。改めて東海林先生の歌謡芸術界に残された偉大なる功績を、及ばず乍ら、歌い、語り継がなければならないと思っております。

東海林先生から、当時歌手協会副会長であった藤山一郎先生を紹介して頂き、東京目黒区の音楽事務所に通うことになります。重いアコーディオンを抱え、高砂から東京に新幹線で日帰り、わずか10分位のレッスンでしたが、とても貴重なるお便りも頂き、有難く所持しています。

両先生のお人柄を学び、私のアコーディオンで弾き唄い語り続けております。

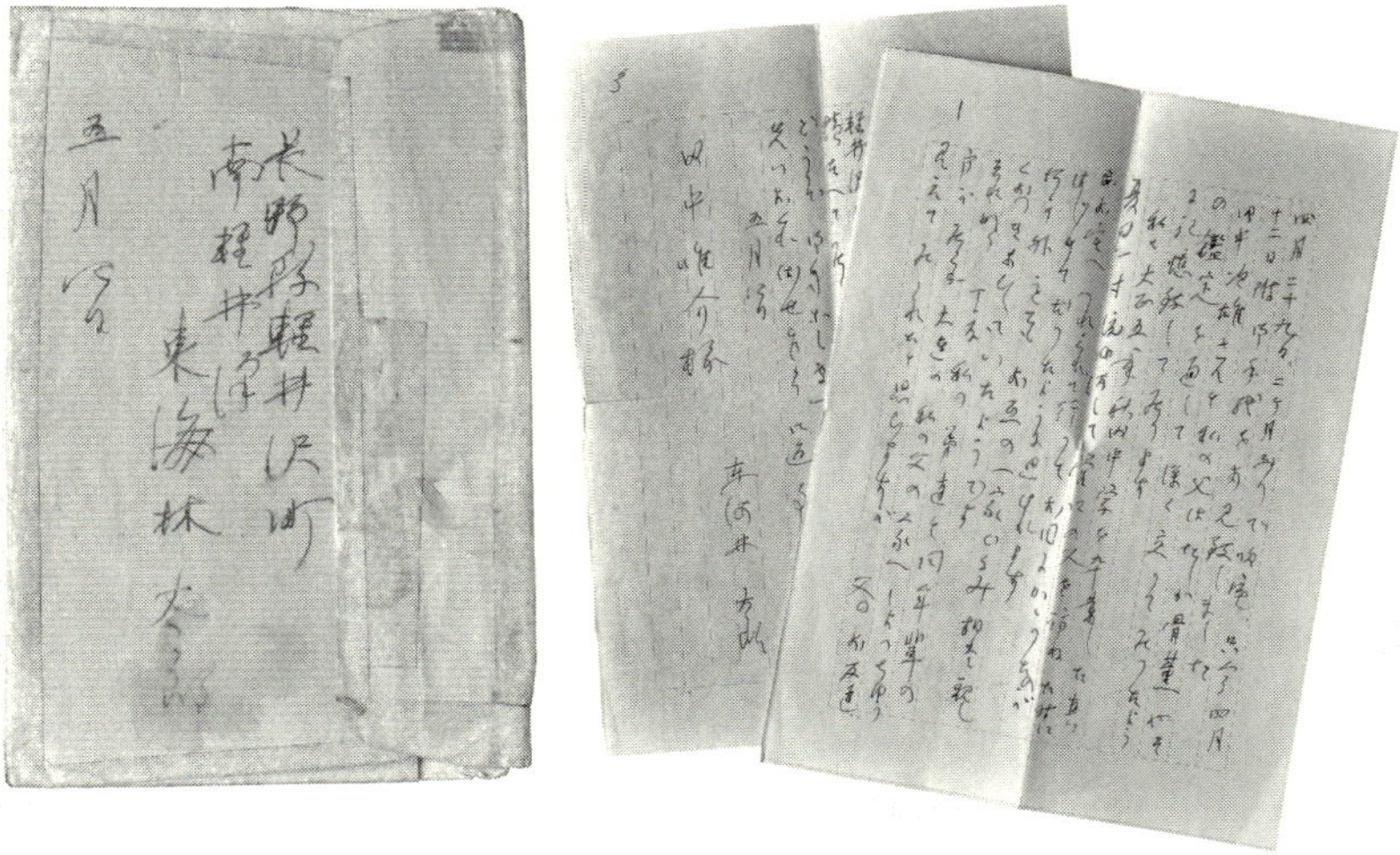

東海林太郎先生からの手紙

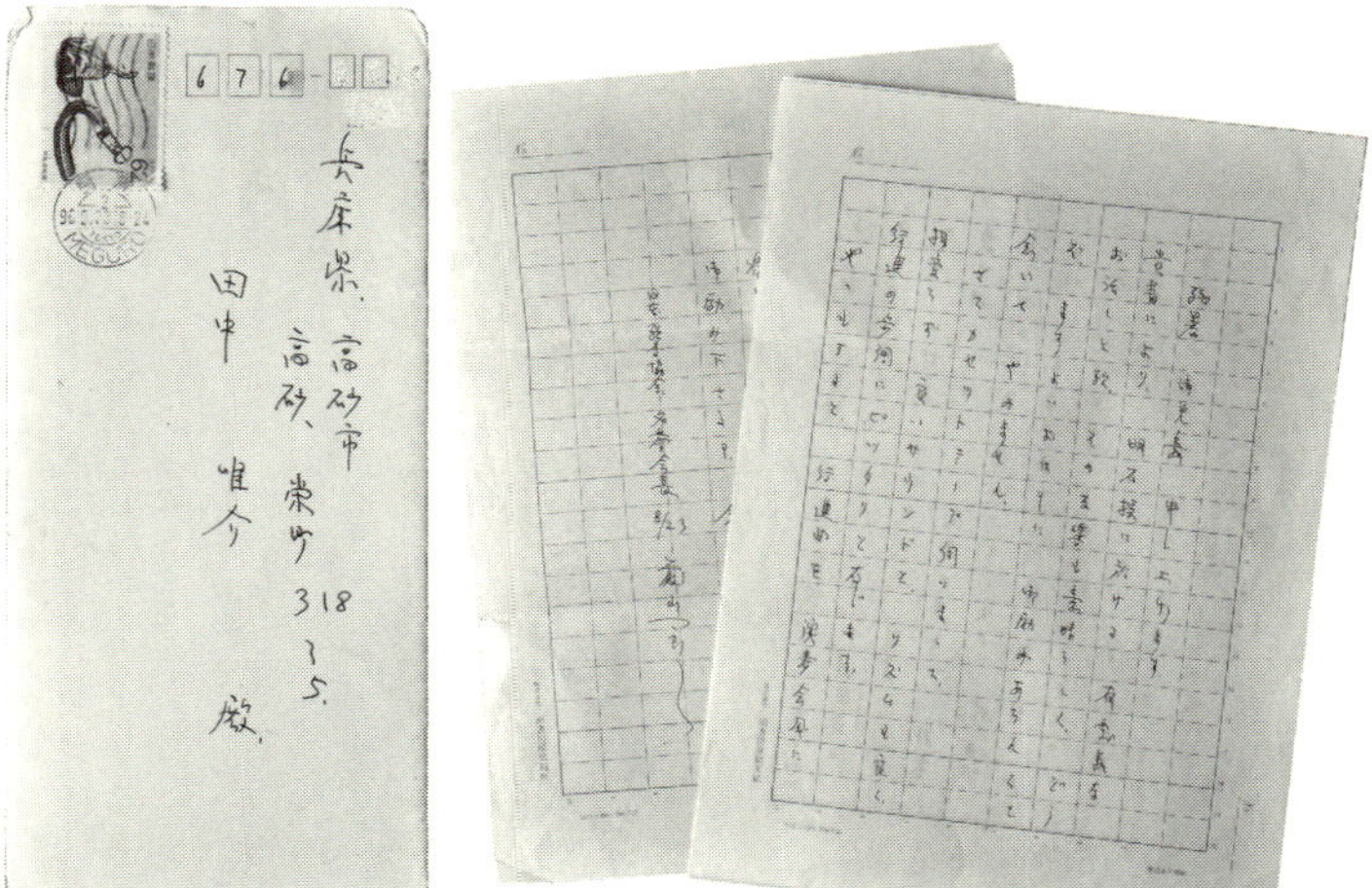

藤山一郎先生からの手紙

人生、音楽と仲間

東海林太郎音楽館　館長　佐々木三知夫

飢餓、酷寒、艱難辛苦、地獄。こんな日本語は体験した者でなければ語れない。語ってもらってもその本意を経験者でなければ理解できまい。

シベリア抑留者。旧満州から約60万人ともいわれる元兵士が不法に連れ去られ、そのうち6万人が旧ソ連邦でなくなられた。

これは昭和20年8月23日の「９８９８号指令」といってスターリンが極東総司令官ワシレフスキー宛に送った指令書。スターリンはトルーマンから北海道全土の占領計画を反故されたのを報復として、50万人の日本人捕虜をソ連邦各地域に配置し、強制労働に従事させるという冷血な決定書による結果である。

関東軍野戦高射砲第88大隊（満州第８６０部隊）に所属しておられた田中唯介さんは旧ソ連邦抑留者。旧ソ連中央アジアのカラカンダ（現カザフスタン）で約4年3カ月間も過ごされ、地獄の体験をされながら無事に舞鶴に帰国された。

秋田県庁国保援護課時代に作成した秋田県出身旧ソ連邦抑留死亡者名簿（平成5年3月3日）によると秋田県出身死亡者は1282名。その月別をみると、昭和20年9月に4名、10月24名、11月51名、12月は112名、翌21年1月164名、厳寒の2月には214名と増えている。田中さんが過ごされたカラカンダでは推定死亡者は800人、その中で秋田県出身者は9名おられた。9名の死亡場所は、カザフ共和国カラカンダ地区のカラカンダ収容所2名、第11収容所、ジースガスカム地区、スクバートル病院、チスガスカン収容所、第10収容所、第1収容所、第99収容所第5病院とある。田中さんはこの亡くなられた秋田の方々とカラカンダで行き会ったことがあっただろうか。

私は抑留者が帰還され、偏見にもめげずに戦後を生き延びてこられた方のCD♪「タバコの煙」、そして、聞き書き本「♪小さなグミの木」―私のシベリア抑留記―を製作したことがある。

そこには音楽があった。田中さんもそうに違いないと感じた。

この春、東海林太郎音楽館に一枚の封書が届いた。兵庫県高砂市の田中唯介さん。開けてみて驚く。なかには田中さん宛の東海林太郎からの手紙の写しがあった。

それには満州国大連と営口市で、田中家と東海林家とは家族ぐるみのお付き合いがあったとある。

満州、音楽、東海林太郎。すぐに田中さんへ電話、秋田に伺いたいとのことだった。

この3月26日、秋田駅に田中さんをお迎えし、真っ先に秋田市土崎港にある東海林太郎菩提寺西船寺にご案内、東海林太郎音楽館で田中さんのお話をお聞きし、深い感銘を受けた。

「タフでなければ生きて行けない。優しくなければ生きていく資格がない」

「If I wasn't hard, I wouldn't be alive. If I couldn't ever be gentle, I wouldn't deserve to be alive.」

この言葉を発したアメリカ人作家レイモンド・チャンドラーのように格好よくはないかもしれない。

今、タフで優しい田中唯介さんの「人生音楽会」を、この夏、秋田で開く準備を万端にしておきたい。

東海林太郎音楽館にて

東海林太郎先生の墓前にて

田中楽風先生の『唯生論』出版に向けて

兵庫県明石市　益田丈裕

田中楽風先生とは、私の妻の紹介で、今から16年前に出会いました。私はそれまで楽器を習ったことがなく、独学でギターやピアノをかじった程度でした。その時、先生から勧められたのがアコーディオンでした。

『人のやらないことをやれ！』と背中を押され、アコーディオンを習う決心をしました。ところが、アコーディオンは左手で伴奏と送風の両方をやらねばならず、右手の鍵盤は見えないので、ピアノよりずっと難しかったのです。弾くだけで3年、弾き歌いに6年、さらに、弾き歌いで『歌う』ことに集中できるまで10年かかりました。

田中先生は、19歳から24歳まで、極寒のシベリアに抑留され、仲間が次々と倒れる中、強靭な精神力で草を食みて生き延びてこられました。器が大きく、人に優しく、個性的で、思慮深い、研究者気質の音楽家です。そのため、研究者の私とはとてもウマが合いました。レッスンは半分位で、残りの半分はシベリア抑留体験をはじめ、人生そのものを教えて下さった日もありました。

私は、アコーディオンの上達は遅かったですが、10年経った頃、音楽が仕事にも役に立っていることに気づきました。一つは表現力が向上し、人前でのプレゼンや人とのコミュニケーションで自信が持てるようになったからで、さらに大事なことは、音楽によって自分の心が癒され、人に優しく思いやりが持てるようになり、会社でも物事を相手中心に考えられるようになったからです。そういう意味で、田中先生の音楽教室は生き方教室とも言えると思います。

私は妻と家でコーラスを楽しんでいます。もちろん伴奏も自分達でします。私は伴奏しながらコーラスの下のパートを歌わなければなりませんが、これもできるようになりました。アコーディオンだけではなく、ギターやピアノでも弾き歌いをやり、初めに先生に言われたように『人のやらないこと』をやっています。父が入所している老人保健施設にも出向き、家族で演奏会を行いました。入所者の方からの拍手を受けた時、音楽をやって本当に良かったとつくづく感じました。

音楽をやることは生きることそのもの。生き方を説いた田中先生の『唯生論』出版に、生徒として心から敬意を表したいと思います。

田中音楽教室　アコーディオン、歌のレッスン

94歳の現在も、田中音楽教室で指導を続けています。写真は、この本に寄稿文を書いてくれた益田丈裕さんのレッスン風景です。ご夫婦で16年以上も通い、ご自身も、各所でボランティア演奏をされています。

発明家として

アコーディオンの音色改良

（実用新案 昭42―11155）

アコーディオンの通常12種の音色を、2個のスライドスイッチによって、96種類もの音色に増やすことができ、アコーディオン演奏に幅ができ、演奏に活用できるものである。

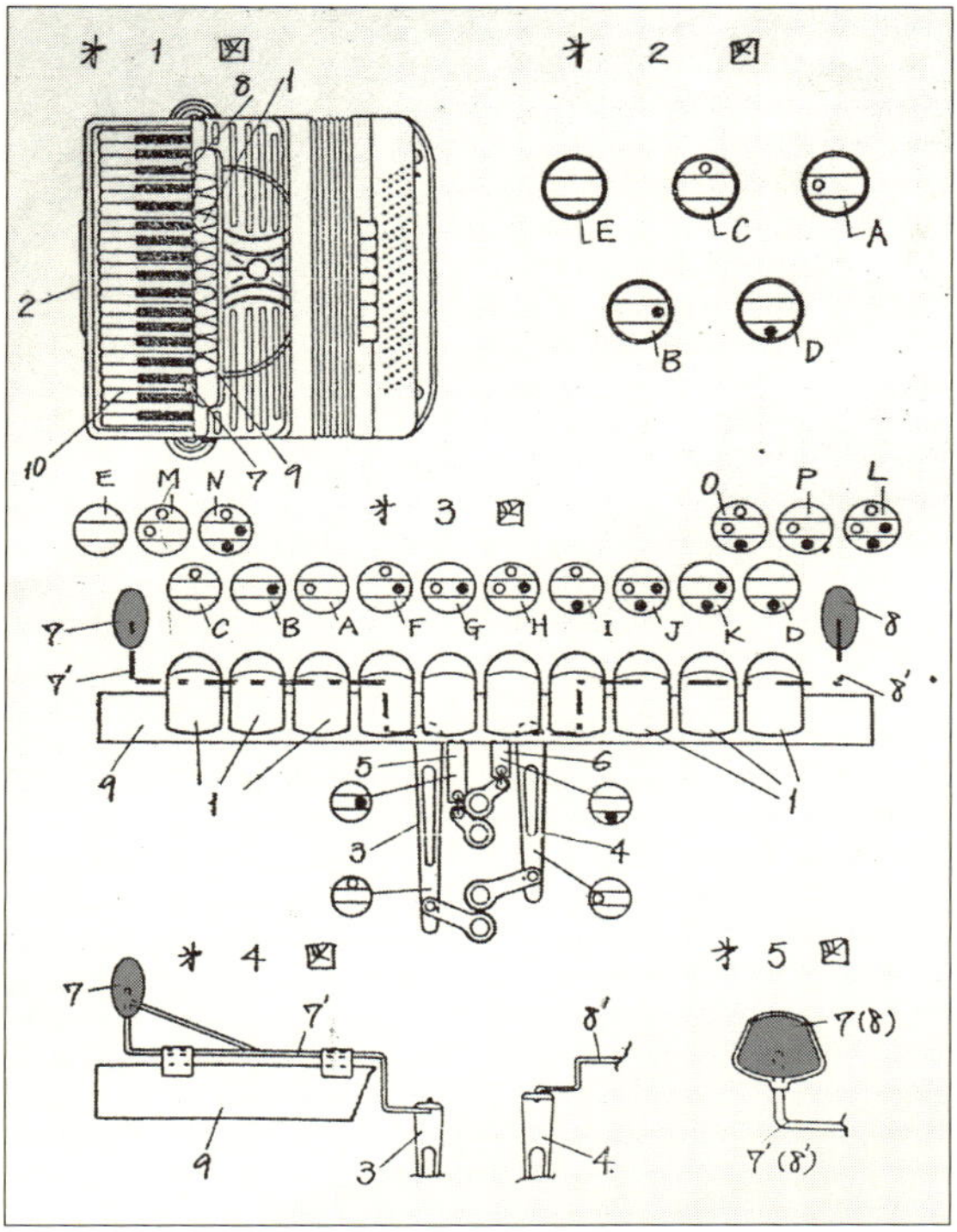

アコーディオンの吊りバンド

（実用新案 昭50―7851）

アコーディオンの重量を肩から腰に分散して、演奏が楽にでき、また演奏姿勢も前屈みが解消できるものである。

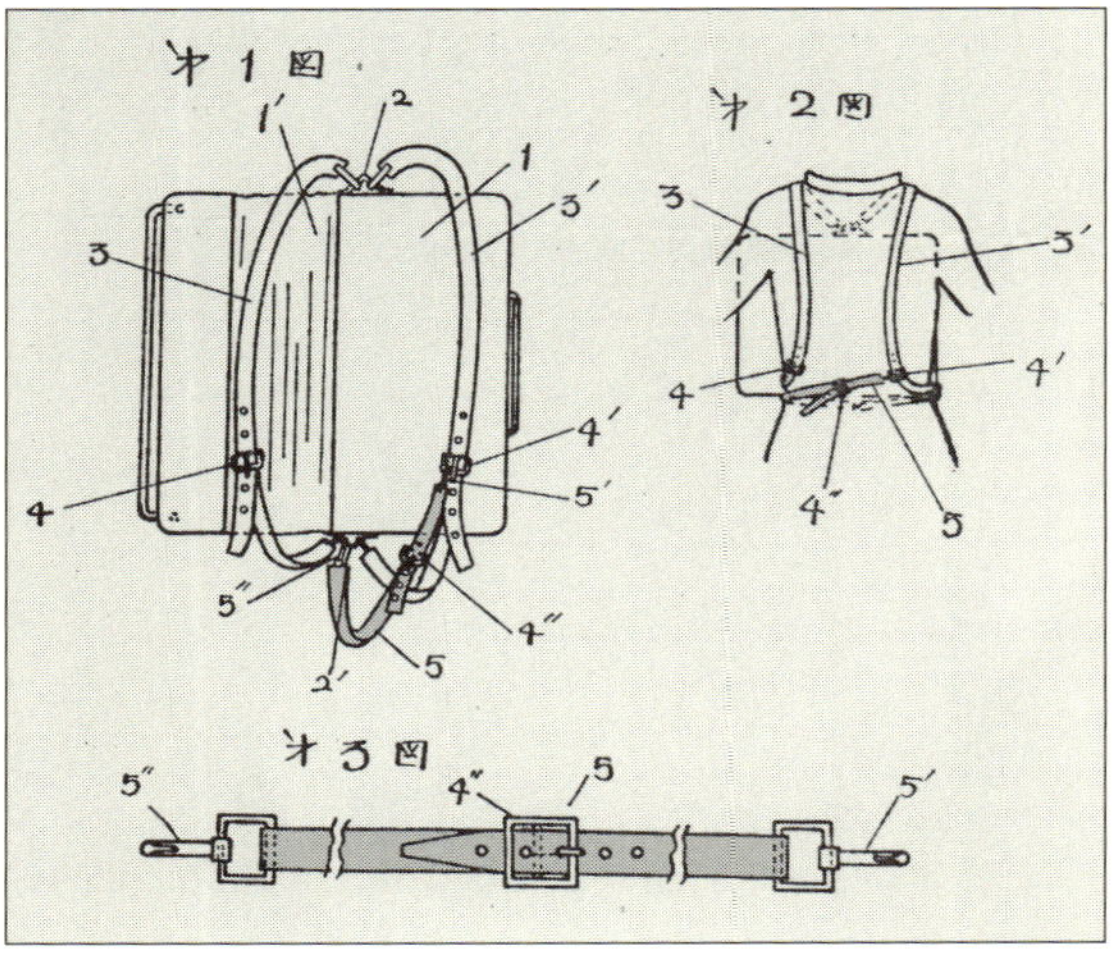

ソ連船友好会の発足

お互い相手側を憎しみあっては物事が解決し得ないと、私自身も心境を整理。「今の本当の姿を知ろう」と日ソ協会に加入し、抑留中に学んだ、ドイツ、ベルリン・フィルソリストの指導を基に、音楽家として、アコーディオンを活用し友情の輪を広げてきました。この実感は貴重で、後世に残さなければなりません。

そこで、昭和53年2月より「ソ連船友好会」を発足させ、会員を募集したところ、80名の会員を得て、ソ連船内での船員とのパーティーなど友好活動を行いました。いまだ日露で未解決の平和条約、即ち戦後処理がされていません。真実を明らかにして、恩讐を乗り越え、両国の平和に寄与したいと思っています。

世界各地で戦争や紛争が起こっていますが、如何に愚かなるものか。これからも体験を伝えていきたいと決意しています。

ロシア船船長・ロシアの女性らに囲まれて

船内で唄ったり、踊ったり、食事をしたりと、
友情の輪を広げた

船上に広がる友情の輪

ソ連船友好会 播州に発足

高砂の音楽家が呼びかけ

ソ連船の船員と楽しく合唱する田中さん（アコーデオン）ら＝昨年12月1日、飾磨港停泊中のウラジオストク・カムチャッツキー号で

一緒に歌い、踊り…

月に一度は訪船 船員とハイキングも

播州地方の港に入るソ連船を訪れて親善を深めよう―という「ソ連船友好会」が、このほど、高砂市を中心に結成された。同市高砂町栄町で音楽教室を開いている田中唯介さん(五七)＝日ソ協会兵庫県連理事＝が呼びかけたもので、現在の会員は約十人。飾磨港、別府港など同地方の港には月に数隻のソ連船が入っているが、同会は今後、月に一回程度その船を訪問し、船長や乗組員と楽しいひとときを過ごすという。

田中さんは、戦争中、旧満州（現・中国東北地方）を転戦。そのときにソ連軍の捕虜になり、昭和二十四年に引き揚げるまで四年半も、シベリアに抑留された苦い経験を持っている。雪の荒野に閉じ込められた青春、明けても暮れても続く重労働。「なぜこんな辛い目にあわなければならないのか。いったいだれが、何が悪いのか」。田中さんの頭にこびりついた疑問は、引き揚げ後も変わらなかった。

そこで田中さんが選んだ道は「ソ連の良さ、悪さ、本当の姿を知ろう」ということ。日ソ協会にも加入、仕事の合間を見ては、ソ連人と交歓する機会を探した。そして、三年ほど前から、網干、飾磨、伊保、別府など播州地方の各港に入ったソ連の貨物船を協会の仲間と一緒に訪問するようになった。田中さんは四年半のシベリア暮らしでロシア語はペラペラ。おまけに本職のアコーデオンをかついで行ってロシア民謡などを歌うため、乗組員は大喜び。どの船でも大歓迎され、これまでに訪れた船は四、五十隻にのぼるという。

今回新たに「ソ連船友好会」を発足させたのは「船員たちと一緒にロシア料理を食べたり、歌やダンスに興じる楽しさを、もっと一般の人にも知ってもらおう」（田中さん）というため。会員になれば月に一回程度訪船して船長主催のパーティーで飲食したり、通訳を交じえて乗組員（一隻に三、四十人。うち女性数人）と話し合うことができる。このほか、ダンスパーティーや船内見学なども随時行われるという。また、訪船だけでなく上陸する船員を姫路城見物やハイキングに誘うこともする。

同種の会としては、神戸に「ロシア船を訪船する会」があるが、播州では初めて。問い合わせは、高砂市高砂町栄町、田中音楽堂（電話0794・2・0913）へ。入会金千円、会費は月千五百円。

読者の手紙

プラウダ創刊号のコピーをおわけします

播州ソ連船友好会　田中　唯介

私は一九七八年2月に播州ソ連船友好会を結成し、姫路港に寄港するソ連船を訪問して友好を深めています。訪れた船は現在まで合計一五〇隻を数え、三〇〇〇人以上のソ連船員と交流してきました。

特に印象に残っているのは、一九七八年11月、黒海ジダーノフ港から姫路へ来たデバリツェボ号の船長A・プラーゴスさんと知り合いになれたことです。その時、同船の副船長M・ヤルノーボルさんから一九一二年4月22日に出た新聞プラウダの創刊号をプレゼントされ、貴重な資料として大事に保存しています。

大変貴重な資料だと思いますので、この際、御希望の方に原形コピー（B3判4ページ）を実費（複写料、送料とも）二〇〇〇円でおわけしたいと思います。申し込み先は〒676兵庫県高砂市高砂町栄町318―5　田中音楽堂（電話0794・2・0913）、郵便振替口座・神戸0＝21180（加入者名・田中音楽堂）です。

ソ連船友好会の発足を伝える新聞記事

舞鶴行

――戦争・抑留・引揚の公演活動

寒さに震えたものほど人間の温かさを知る

歌声と舞鶴行

昭和53年7月3日、一緒に暮らしていた私の母親も亡くなり、胸の中にしまっておいた戦後に区切りをつけたいという思いが募ってきました。

昭和24年11月、引揚船「高砂丸」から、夢にまで見た祖国の地をつなぐ桟橋、心も体も傷ついた私に優しく寄り添い、歩んでくれた看護婦さん――。

そして、昭和55年、舞鶴へと行きます。31年ぶりの舞鶴に、桟橋はすでになく、思い出をたぐり寄せるようにたたずんでいました。すると、ひとりの男性が声をかけてくれました。元看護局職員の安田豊さんでした。安田さんに舞鶴の思い出を語ると、何と、あの看護婦さんが結婚して舞鶴にいるというではありませんか。

舞鶴の母こと、田端ハナさん、安田豊さんはじめ、多くの市民の方々から親切なる〝贈り物〟を頂き、これはただでは済まない、舞鶴に何か恩返しをしようと思ったのです。そこで、アコーディオンによるチゴイネルワイゼン変奏曲の編曲、「まぶたの桟橋、舞鶴よ」の作詞・作曲を行いました。

これらの曲を弾き、歌い、寄付を集めて、舞鶴市引揚記念館建設・引揚桟橋の復元・全国引揚友の会を呼びかけました。友の会では副会長に選ばれ、その後、平成27年に記念館が収蔵資料ユネスコ世界記憶遺産に登録されました。

寒さに震えたものほど人間の心の温かさを知る—。

身をもって知らされた私は、世のため人のためにアコーディオンを持って一人四役、弾き・語り・歌い・話す事を考え、それを可能とする装置も発明し、アコーディオンに関する発明特許7件を取得して、戦争・抑留・引揚の公演を始めることになります。

舞鶴引揚記念館設立に向けて

私は昭和55年1月、31年ぶりに舞鶴を訪れました。第二の故郷ともいえる舞鶴港、昭和24年当時の引揚桟橋に思いを馳せれば、あの抑留から解放され、舞鶴市民の方々の温情に触れ、私の命を救ってくれた亡き戦友を推しはかる真実を残さなければと、哀切と歓喜の担保を示す舞鶴市引揚記念館建設に向け、協賛募金発起人のひとりとなりました。

記念館は昭和63年4月23日、舞鶴市字平に建設され、平成27年10月10日、ユネスコ世界記憶遺産登録決定記念式典に家族共に参加し、私の作詞・作曲の〝まぶたの栈橋、舞鶴よ〟をご披露させて頂き、感慨無量でありました。

なお引揚栈橋も復元し、引揚を記念する舞鶴・全国友の会副会長に選ばれ、全国の戦友と交流を深めています。

「ソ連よ！北方領土を返せぬなら、抑留された青春を返してほしい」

姫路の戦友の言葉です。

著者の〝なみだの桟橋、舞鶴よ〟の歌碑が、〝岸壁の母〟〝異国の丘〟の歌碑と共に建てられました。

平成13年4月22日　第12回　引揚を記念する舞鶴・全国友の会定期総会　舞鶴総合文化会館にて

「引揚友の会」の立ちあげ
宇野首相（当時）にも手紙を

舞鶴で多くの方の温情に触れた私は、平成元年、舞鶴に恩返しをしようと、恒久の平和を願い、体験を後世に伝える目的で、「全国引揚友の会」（後に、引揚を記念する舞鶴・全国友の会）を立ち上げ、引揚げ者の全国組織作りに奔走しました。

全国の引揚げ体験者に呼びかけ、その中のおひとりに宇野宗佑首相（当時）がいました。

同じ体験を持ち、昭和53年には、当時、科学技術庁長官だった首相から、ご自身の抑留体験を綴った書籍『ダモイ・トウキョウ』を手紙とともに、直筆のサイン入りで送っていただいた御縁から、手紙をお送りさせていただきました。

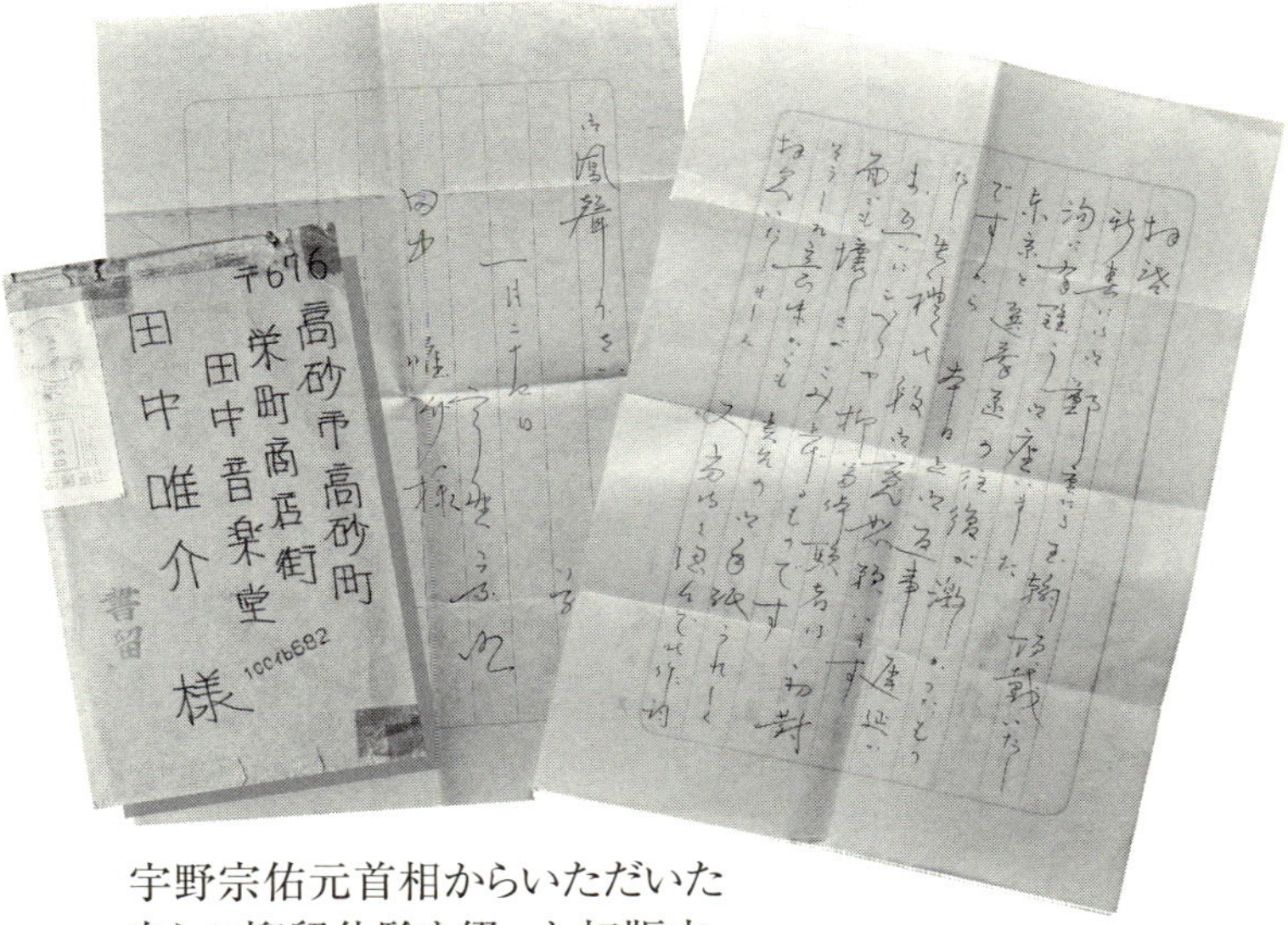

宇野宗佑元首相からいただいた
自らの抑留体験を綴った初版本
『ダモイ・トウキョウ』と直筆の手紙
［昭和53年、当時は科学技術庁長官］

『ダモイ・トウキョウ』

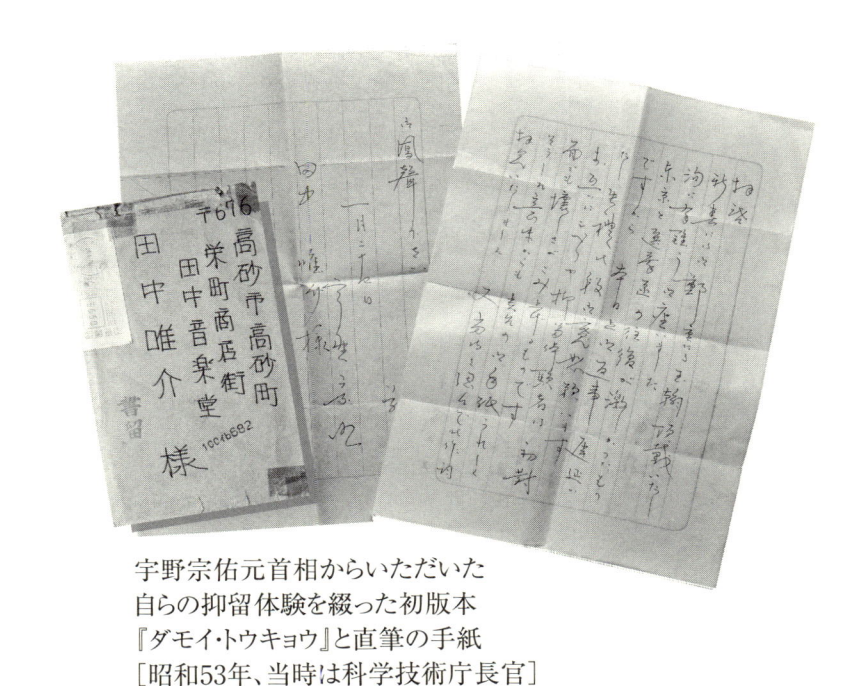

舞鶴と田中さん

舞鶴引揚記念館館長　山下美晴

舞鶴市は、昭和20年から33年まで、13年間に渡り、主にソ連、中国など大陸からの引揚者約66万人を受け入れた歴史を有するまちであります。

昭和60年に本市で開催した「海外引揚40周年記念　引揚港まいづるを偲ぶ全国の集い」に全国より多くのシベリア抑留体験者をはじめとする引揚者の皆様が参集いただいたのを契機に、施設建設の気運が一気に高まり、各地で寄付活動も展開されました。

こうした皆様の多大なご支援によりシベリア抑留の労苦や引き揚げの史実を維承し、平和の尊さを広く発信する拠点として昭和63年に舞鶴引揚記念館が開館いたしました。田中唯介様も開館に向けた当初よりご厚情ご支援を賜り、また後に体験者を中心に結成された「引揚を記念する舞鶴・全国友の会」副会長としてもご活躍されました。海外引揚70周年記念事業の際には、舞鶴の子供たちとステージに登場していただき、当時を偲ぶ自作の歌などもご披露いただきました。

月日の経過と共に、戦争や引き揚げの史実の風化が進む中、今なお現役で歌やアコーディオンの演奏も交えながら、幅広い世代に語り継ぐ活動を行っておられますことに敬意を表しますとともに感銘を受けております。

舞鶴では、平成30年、昭和20年に引揚第1船が入港した10月7日を「舞鶴引き揚げの日」と定め、引き揚げのまちとして今後ともシベリア抑留や引き揚げの史実を後世に継承し、平和の願いを世界へ未来へと発信してまいる所存でありますので、田中様におかれましても、どうぞお元気で、引き続き語り継いでいただくとともに、本市の引き揚げ事業へご支援いただければ幸いに存じております。

「引揚を記念する舞鶴・全国友の会」副会長として、私、田中唯介はさまざまなことを行って参りましたが、最後に一つだけ願いがあります。舞鶴市に多くの人が訪れ、平和の願いを引き継いでほしい。そのために、舞鶴引揚記念館・引揚公園・引揚桟橋を結ぶ「モノレール設置」が必要です。クラウドファンディングなどで建設や維持に財政負担をかけずに、持続可能な方法で何としても実現したいと考えています。

田中唯介さんのご活躍を祈念して

加古川市社会福祉協議会理事長　山本　勝

平成三十一年一月二十七日、私は久しぶりに「舞鶴引揚記念館」を訪れた。私にとっては、三回目の訪問だったが、館内は大きく改編されていた。その一角に、「引揚を記念する舞鶴・全国友の会」副会長の田中唯介さんのコーナーがある。例によって、田中さんがアコーディオンを演奏している写真とともに…。その田中唯介さんが、このたび「唯生論」という著書を上梓された。これは、田中さんが、戦争、ソ蓮への抑留、日本への引揚げという悲惨な体験を基に、人間がいかに生命を繋ぐべきかを問われているものである。

私自身は、昭和二十年四月生まれなので、戦争のことは、ほとんど知らない。ただ、これまでの人生の中で、職場の大先輩、大学の大先輩などから、不条理なシベリア抑留の話、インパールでの無謀な作戦の話、先の大戦の悲惨な状況の話等々を聞いてきた。また、少なからず、大戦に関する書籍も読んできた。その結果、いかに戦争が人類にとって無駄であり、悲惨なものかを学んできたつもりである。今回の田中唯介さんの著書が戦争を防止し、人類の幸せの羅針盤となることを心より願っている。

舞鶴市長からの感謝状

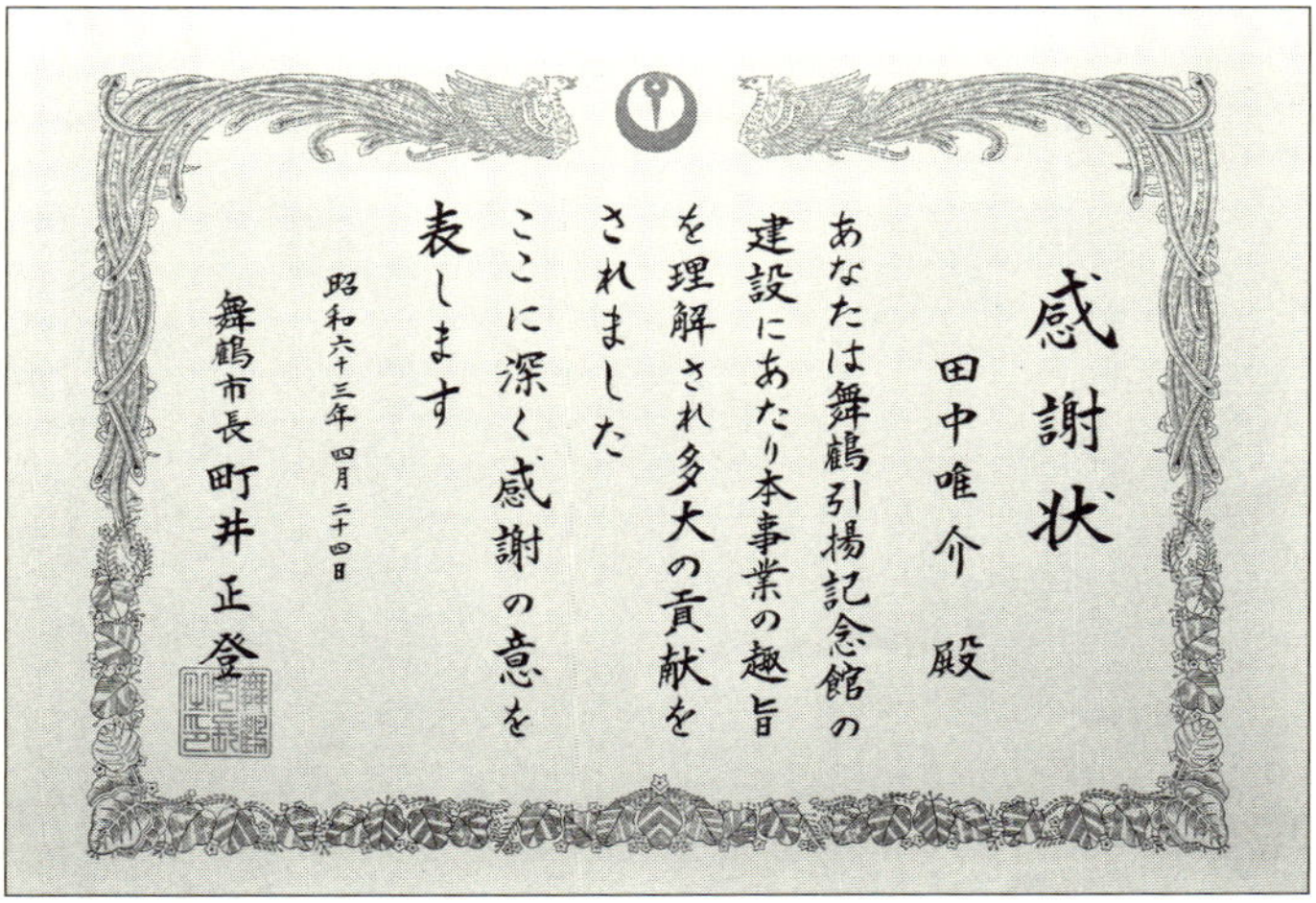
感謝状

田中唯介 殿

あなたは舞鶴引揚記念館の建設にあたり本事業の趣旨を理解され多大の貢献をされました
ここに深く感謝の意を表します

昭和六十三年四月二十四日

舞鶴市長 町井正登

舞鶴引揚記念館設立事業への貢献、感謝状

作曲・公演活動

昭和56年6月5日、巡り合った協会副会長及び協会常任理事さんの推薦をいただき、私は日本作曲家協会員となります。

現在までの作曲は60曲余り、まだまだ道半ばです。

その一方、アコーディオンを抱いての公演活動は、近畿地方を中心に、三重県を除く各府県を回り、生き永らえて亡き戦友に捧ぐ演目は、懐メロ・軍歌・詩吟・ロシア民謡に自作の楽曲を加え、約20曲を2時間かけて披露。舞鶴市長から感謝状、日本作曲家協会から功労賞、兵庫県知事から特別高齢者特別賞などを頂きました。

今後共、賞に恥ずべきことなく、94歳に鞭打っていきます。

大阪公演
（梅谷陽子さんと）
大阪歴史博物館

奈良県大淀町での公演

日本作曲家協会功労賞受賞にあたって

平成30年5月、日本作曲家協会より、功労賞を頂きました。

私は戦後、シベリアに抑留され生死と向き合いながらも、当地の収容所でベルリン・フィルの音楽家に巡り合い、アコーディオンを教えてもらいました。チゴイネルワイゼンを習い、引き揚げ当時、舞鶴の温情に触れ、昭和55年1月、この変奏曲「まぶたの栈橋、舞鶴よ」を作詞・作曲したものです。

舞鶴引揚記念館から近畿全般にわたり、音響機材を長男の車で運び、アコーディオン界では世界初！との評価を得ました〝1人4役〟で、弾き・語り・唄い・話すを実践して参りました。

今の平和を亡き戦友に捧げたいと思っております。今年、93歳になりますが、老骨に〝ムチ〟を打ち、生きられる限り本賞の名に恥ずることなく、公演のステージを務めて参りたく思います。

（平成30年　日本作曲家協会会報誌より）

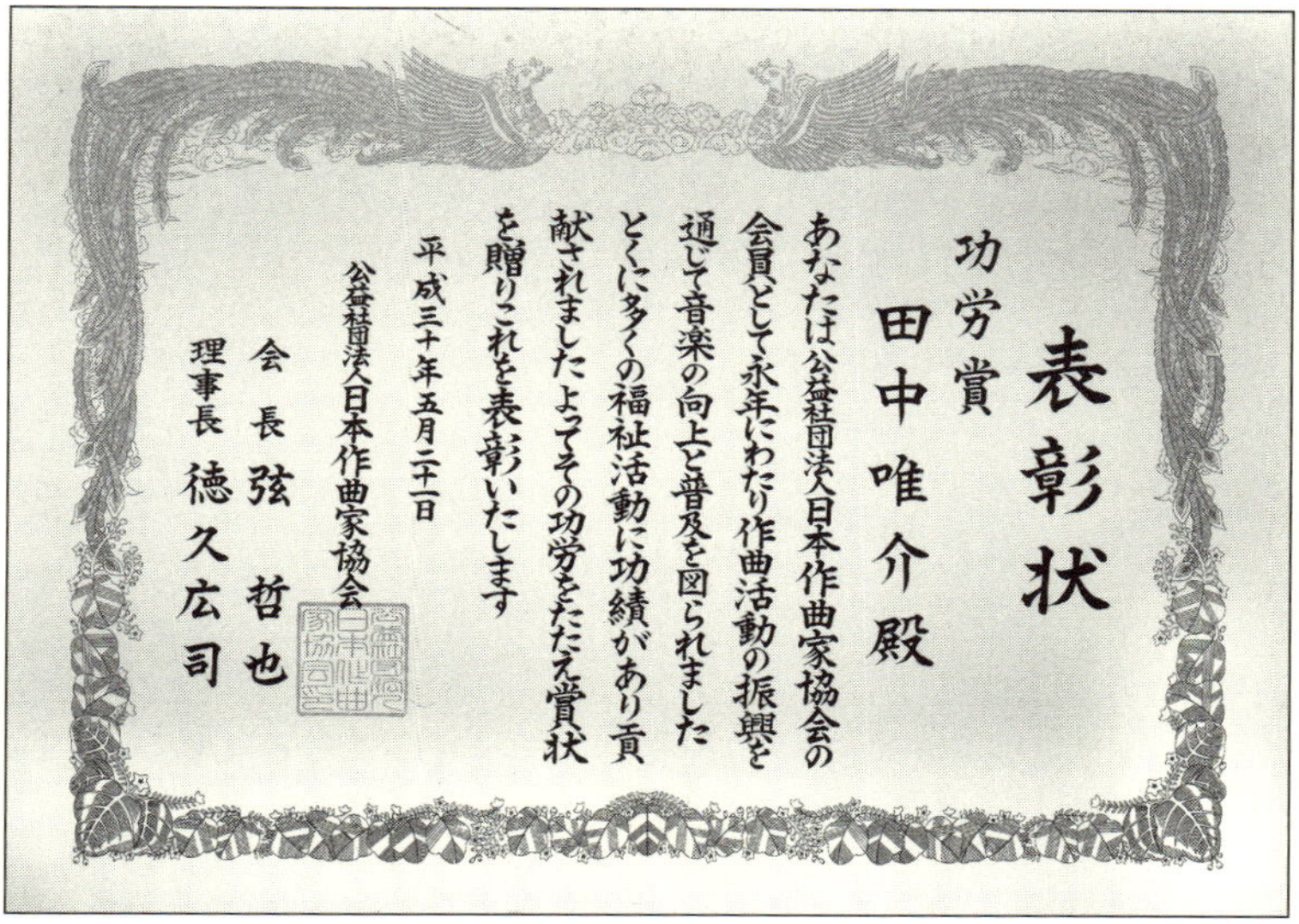
表彰状

功労賞

田中唯介殿

あなたは公益社団法人日本作曲家協会の
会員として永年にわたり作曲活動の振興を
通じて音楽の向上と普及を図られました
とくに多くの福祉活動に功績があり貢
献されましたよってその功労をたたえ賞状
を贈りこれを表彰いたします

平成三十年五月二十一日

公益社団法人日本作曲家協会

会長　弦　哲也

理事長　徳久広司

功労賞　平成30年5月21日

戦友に捧ぐ

平成30年6月4日兵庫縣姫路護國神社で、先の大戦の記憶を消さず、戦争の悲惨さを後世に伝え、平和への祈りとする催し「戦士の証言」の第8回に出演させて頂きました。多数の方々が出席され、私も私の戦友に捧ぐ楽曲を演奏することが出来ました。

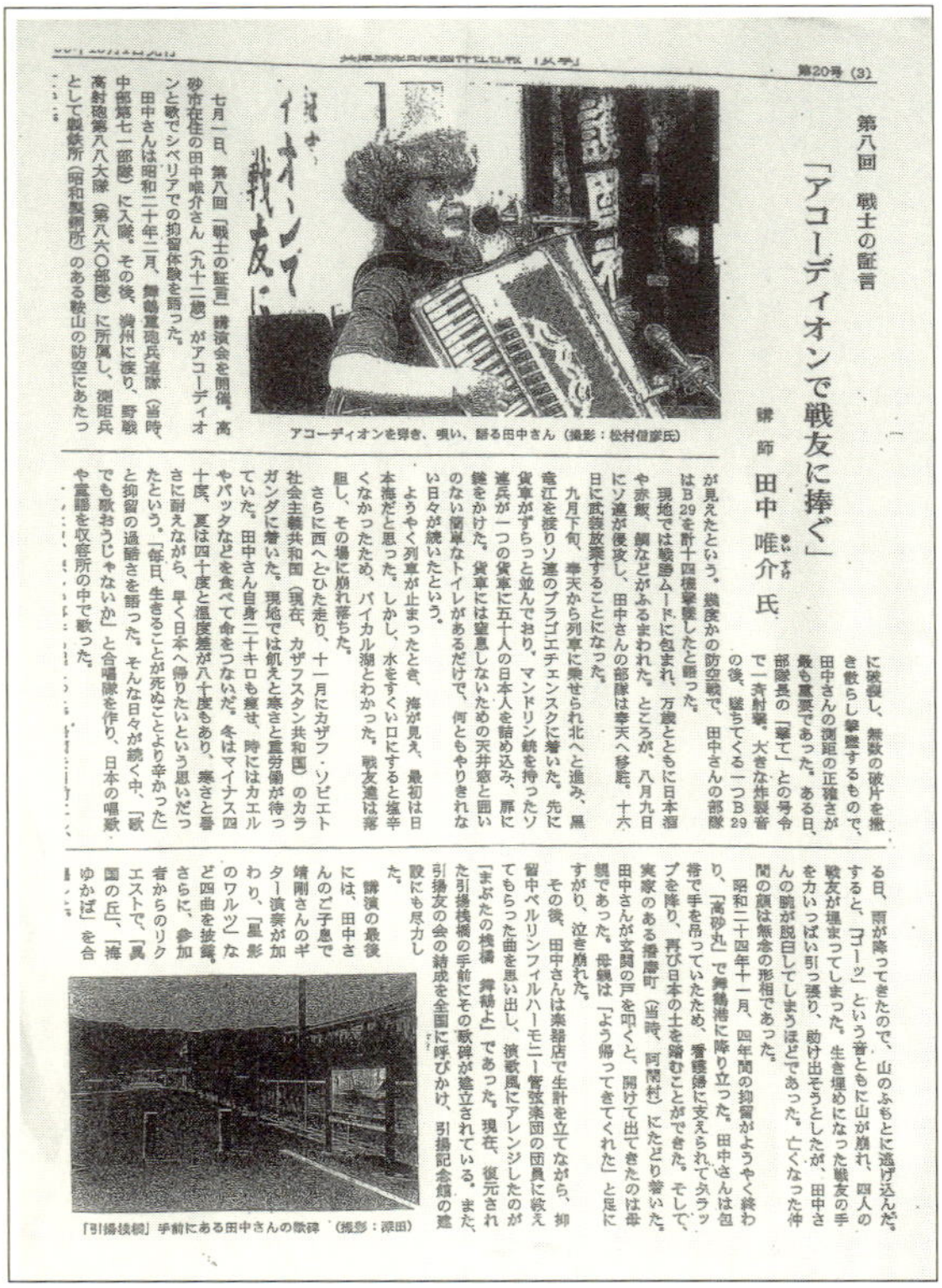

第20号（3）

第八回　戦士の証言

「アコーディオンで戦友に捧ぐ」

講師　田中　唯《ゆい》介《すけ》氏

アコーディオンを弾き、唄い、語る田中さん（撮影：松村信彦氏）

七月一日、第八回「戦士の証言」講演会を開催。高砂市在住の田中唯介さん（九十二歳）がアコーディオンと歌でシベリアでの抑留体験を語った。

田中さんは昭和二十年二月、舞鶴重砲兵連隊（当時、中部第七一部隊）に入隊。その後、満州に渡り、野戦高射砲第八八大隊（第八六〇部隊）に所属し、測距兵として製鉄所（昭和製鋼所）のある鞍山の防空にあたっ

に破裂し、無数の破片を撒き散らし撃墜するもので、田中さんの測距の正確さが最も重要であった。ある日、部隊長の「撃て」との号令で一斉射撃。大きな炸裂音の後、墜ちてくる一つのB29が見えたという。幾度かの防空戦で、田中さんの部隊はB29を計十四機撃墜したと語った。

現地では戦勝ムードに包まれ、万歳とともに日本酒や赤飯、鯛などがふるまわれた。ところが、八月九日にソ連が侵攻し、田中さんの部隊は奉天へ移駐。十六日に武装放棄することになった。

九月下旬、奉天から列車に乗せられ北へと進み、黒竜江を渡りソ連のブラゴエチェンスクに着いた。先に貨車がずらっと並んでおり、マンドリン銃を持ったソ連兵が一つの貨車に五十人の日本人を詰め込み、扉に錠をかけた。貨車には窒息しないための天井窓と囲いのない簡単なトイレがあるだけで、何ともやりきれない日々が続いたという。

ようやく列車が止まったとき、海が見え、最初は日本海だと思った。しかし、水をすくい口にすると塩辛くなかったため、バイカル湖とわかった。戦友達は落胆し、その場に崩れ落ちた。

さらに西へとひた走り、十一月にカザフ・ソビエト社会主義共和国（現在、カザフスタン共和国）のカラガンダに着いた。現地では飢えと寒さと重労働が待っていた。田中さん自身二十キロも痩せ、時にはカエルやバッタなどを食べて命をつないだ。冬はマイナス四十度、夏は四十度と温度差が八十度もあり、寒さと暑さに耐えながら、早く日本へ帰りたいという思いだったという。「毎日、生きることが死ぬことより辛かった」と抑留の過酷さを語った。そんな日々が続く中、「歌でも歌おうじゃないか」と合唱隊を作り、日本の唱歌や童謡を収容所の中で歌った。

る日、雨が降ってきたので、山のふもとに逃げ込んだ。すると、「ゴーッ」という音とともに山が崩れ、四人の戦友が埋まってしまった。生き埋めになった戦友の手を力いっぱい引っ張り、助け出そうとしたが、田中さんの腕が脱臼してしまうほどであった。亡くなった仲間の顔は無念の形相であった。

昭和二十四年十一月、四年間の抑留がようやく終わり、「高砂丸」で舞鶴港に降り立った。田中さんは包帯で手を吊っていたため、看護婦に支えられてタラップを降り、再び日本の土を踏むことができた。そして、実家のある播磨町（当時、阿閇村）にたどり着いた。田中さんが玄関の戸を叩くと、開けて出てきたのは母親であった。母親は「よう帰ってきてくれた」と足にすがり、泣き崩れた。

その後、田中さんは楽器店で生計を立てながら、抑留中ベルリンフィルハーモニー管弦楽団の団員に教えてもらった曲を思い出し、演歌風にアレンジしたのが「まぶたの桟橋　舞鶴よ」であった。現在、復元された引揚桟橋の手前にその歌碑が建立されている。また、引揚友の会の結成を全国に呼びかけ、引揚記念館の建設にも尽力した。

講演の最後には、田中さんのご子息で靖剛さんのギター演奏が加わり、「星影のワルツ」など四曲を披露。さらに、参加者からのリクエストで、「異国の丘」、「海ゆかば」を合

「引揚桟橋」手前にある田中さんの歌碑（撮影：源田）

「兵庫縣姫路護國神社社報 第20号」に掲載

三木市のカフェOTTOでアコーディオンライブ

平成30年8月19日、私の教え子のひとりが通う、三木市緑が丘のカフェ「OTTO」で公演を行いました。80名を超える方々を前に、ボランティアで演奏をしてまいりました。

抑留中にドイツ人捕虜から教わったアコーディオンに救われたことなど、いろいろな逸話の語りや民謡、軍歌、歌謡曲の演奏をしました。

アンコール演奏後も、さらに会場の聴衆から再アンコールがあり、最後は、会場のみなさんと唱歌などの合唱を楽しみました。

この日の様子は、神戸新聞に、
大きく取り上げられた

明日へ伝えたい平和

唯生論

唯生歌

作詞・田中唯介

辞書には書いていない〝唯生論〟　唯生論とは何のこと
親にもらったこの命　ボケずに長生きしましょうか
命を大事に生きること　死ぬまで生きることでしょう
悲しいこともあるだろう　楽しいこともあるだろう
病気も事故もあるでしょうが　乗り越えられたら生きている
辛いことも乗り越えたなら　明日の幸せ福がくる
死ぬまで生きたら親孝行　一歩の道から何百里
百歳時代がやってくる　君のためから世のために
生きて生きて生き抜くことは　唯生論、唯生論は
唯一の生き方　素敵だね素敵だね　仕事は生きる宝物
よく食べ　よく寝て　朝が来る　朝日を浴びて深呼吸
やる気　元気で恋もある　仲良く笑ってまた笑う

笑う角には福が来る　福を貰えば分けようか　世のため人のため
なせば答えが返ってくる　道理の成り行き唯生論
唯生の歌を唄おう唯生歌　自分が変われば相手も変わる
世のため人のため　唄って愛する唯生論は楽しいなあ
少子高齢化も止めましょうか　愛し合って婚活行進
生めよ増やそう世の中成長　みんなの願い実現へ
子育てだけ環境、整えて…
家族が増えれば地域が増えて　子供が増える宝物
外国人に頼らなくとも　日本人が増えて余れば外国へ
行く日も遠くないだろう　唯一に生きる国作りへ
ピンチをチャンスに…諦めないで生き抜こう!!

「唯生歌」の作曲者を募集中です。

唯生論と永世の旗

永世とは戦争をしない国、戦争をされない国を意味するものです。戦争、シベリア抑留、帰還後の日々。死ぬより辛い人生を、誰にも味わわせたくない。そんな思いを込めて、「永世の旗」を作りました。

永世の旗［非核平和の旗］図面説明書
意匠権者・商標権者：田中唯介

この旗は、表面・裏面ともに同一とする。

旗中央は、従来の日の丸と一緒、赤色に光輝き、上部青帯は天空の平和を表し、下部緑帯は日本列島の国土を表し、左右三角黄金は日本の経済成長を表す。

日の丸と接する白色右上はオホーツク海、白色左上は日本海、白色左下は東シナ海、白色右下は太平洋を表し、豊かなる海洋国家に恵まれた情景に、円形部日の丸から発する力強くすべての人々が両手・両足で支え合う四方赤色斜光は、天空と日本列島に連なり、上下左右に接狭する三角金色と、永世ゴールドに輝くのもので日本の経済文化国家を表現し、日本国民を象徴する図案である。

〔注〕音楽著者として、〝永世のマーチ・輝け日本〟の作曲作品があります。

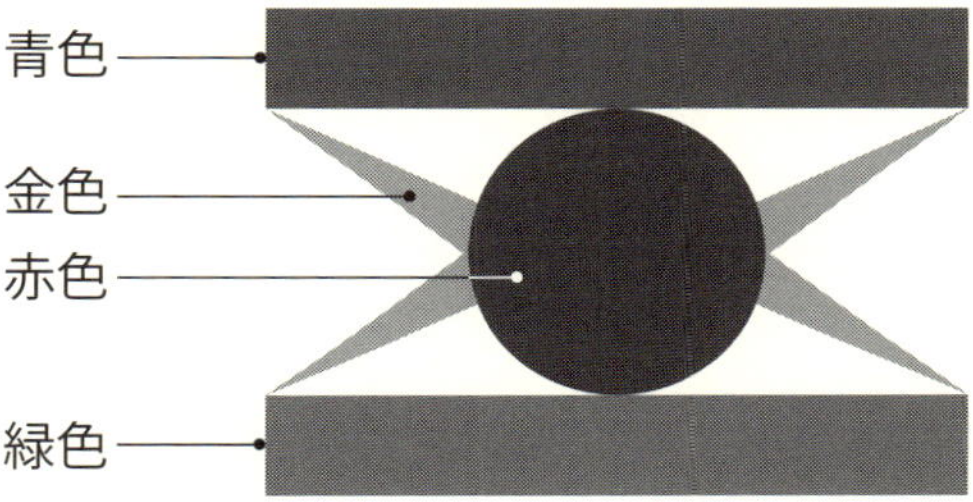

商標登録証
(CERTIFICATE OF TRADEMARK REGISTRATION)
登録第５５１０９２２号
(REGISTRATION NUMBER)

商標 (THE MARK)　（標準文字）
永世の旗

指定商品又は指定役務並びに商品及び役務の区分
(LIST OF GOODS AND SERVICES)
第２４類　のぼり及び旗（紙製のものを除く。）

商標権者 (OWNER OF THE TRADEMARK RIGHT)　兵庫県高砂市高砂町浜町３１８−５
田中　唯介

出願番号 (APPLICATION NUMBER)　商願２０１２−０１２４７０
出願日 (FILING DATE)　平成２４年　２月２２日 (February 22,2012)
登録日 (REGISTRATION DATE)　平成２４年　７月２７日 (July 27,2012)
この商標は、登録するものと確定し、商標原簿に登録されたことを証する。
(THIS IS TO CERTIFY THAT THE TRADEMARK IS REGISTERED ON THE REGISTER OF THE JAPAN PATENT OFFICE.)
平成２４年　７月２７日 (July 27,2012)
特許庁長官
(COMMISSIONER, JAPAN PATENT OFFICE)
岩井良行

唯生論とジオエンジニヤリング

私は、唯一に生きる論理を提起し、現実の災害を最小限におさえることが出来ないだろうかと考えています。

昔からの諺に、地震・雷・火事・親父と云われてきましたが、親父より〝台風〟の方が怖いとすれば、台風の気圧を変化させることが出来れば、すべての人類が幸せになれるのではないでしょうか。

そこでジオエンジニアリング（地球の海水を冷やす）ということを考えてみました。関係国と共に日本から然るべき時期に、海底の冷たい海水を海面に放水する巨大なポンプを設置、上昇気流を減少させる運転をすれば可能ではないかと。

災害が減少し救われれば生命を守られます。人命を救済する〝唯生論〟とリンクすると考えています。

防災・減災のために、すべての人類の幸福を念じてやみません。

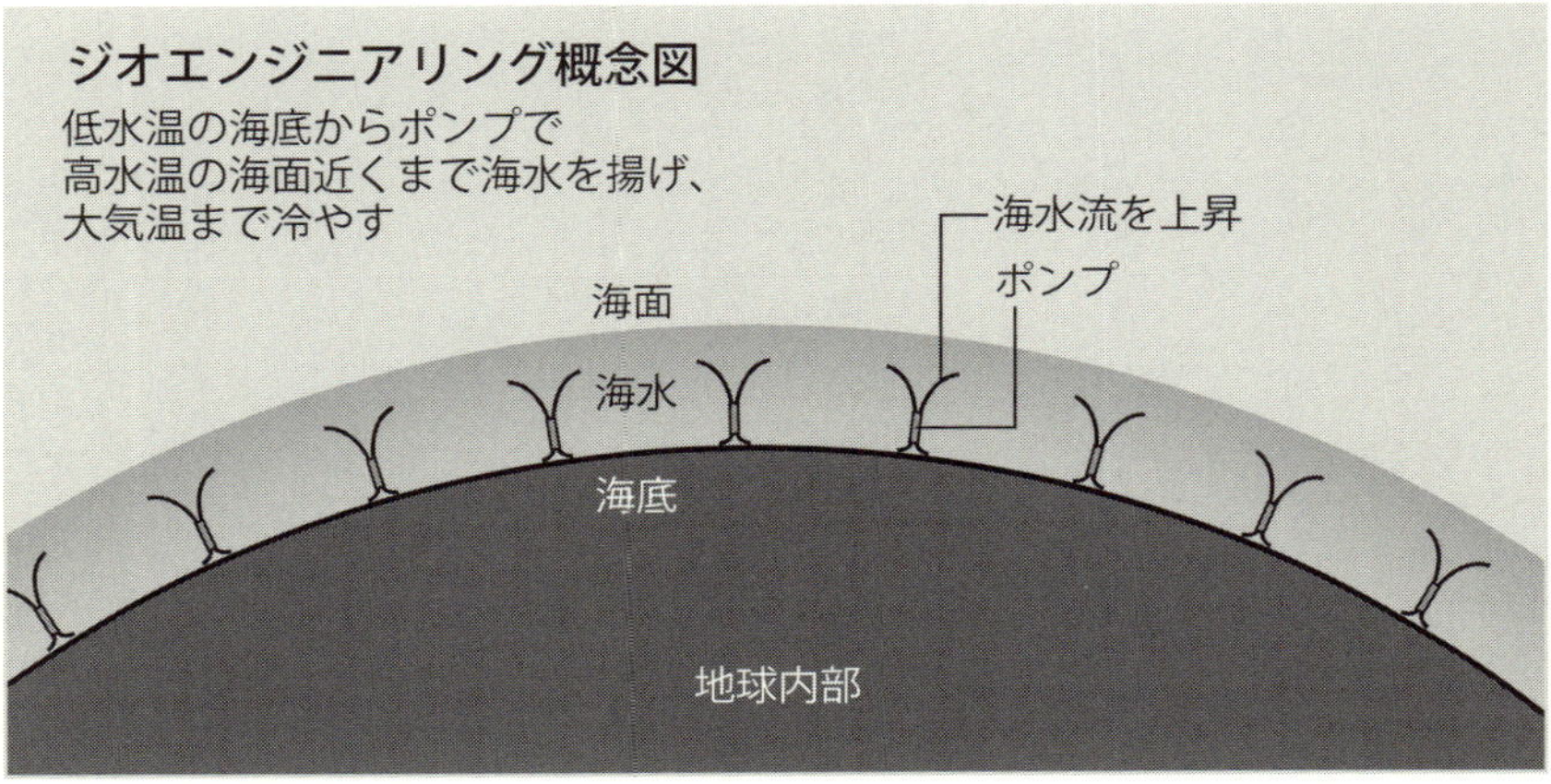

ジオエンジニアリング概念図

低水温の海底からポンプで
高水温の海面近くまで海水を揚げ、
大気温まで冷やす

音楽と健康―唯生論の実践

思いを馳せれば、75年の幾星霜、長いようで短く、瞬く間に過ぎました。その間には入院を8回、病魔に打ち克つため7か条の健康を守っています。

(1)よく食べる (2)よく寝る (3)よく働く (4)よく出す (5)飲まない (6)吸わない (7)遊ばない

解説すると、(1)必ず3食普通の栄養を摂る (2)毎日6時間以上安眠する (3)自営業として楽器店・音楽教室・調律修理・カラオケと映画・特許診断士・作詞作曲・公演活動と、7つの仕事をこなし生涯現役 (4)金を貯めても糞は朝夕2回出すこと (5)酒は飲まない飲まれない (6)煙草をやめる　吸わないこと (7)無駄な遊びをしない。旅行など家族と一緒に行くのが望ましい。このほかにも心掛けている健康法はまだまだあります。

歯は朝夕歯間ブラシなどを用い清潔に保つ。できるだけ歩くようにする。目や耳・鼻・喉は定期的に検診を受ける。高血圧に注意する。歌を歌う事は大変良い。また何か楽器を弾くと老化防止に繋がる。寝室の温度、湿度を一定に保つ。私は一年中20℃〜25℃、湿度を50〜60に設定しています。唯一いかに生きるかを考える「唯生論」の実践です。

唄子・啓介の「おもろい夫婦」に出演

妻とテレビに出演したことがあります。

私の妻は、私より親子以上も年下ですから、世間からはとかく話題の種になります。「頑張ってますか?」とか「お楽しみですね…」とかいうふうに興味本意で見られております。私は農家の長男で、シベリアで囚われた青春を体験、事故で右手にハンディがあり、暗い毎日を送って来ましたが、それでも希望に生きようと考え、アコーディオンを抱え歌の勉強に苦労を重ね築いてきた私の音楽教室に、生徒として入ってきた一人に、両耳ともハンディのある女の子がいました。彼女は正確な音程がとれない、リズムが速くなる、小さな低い声しか出ない、など、これは耳のせいでなく後天的な音痴だと思い厳しく指導していきました。そして私共はお互いのハンディを克服していこうと夫婦になりました。

障害を抱え、趣味を楽しめない人達の希望になればと、テレビに出演しました。その反響で、「私の音痴を治してください」と相談に見えられた方もいました。私どもの仲人は、アコーディオンであり、唄(詩)です。ただひとすじに好きな道を、根性で通すなら、必ず人生は拓けるということを、今二人で感じて生きております。

「唯生論」で生きる父

私は昭和32年8月8日に今の播磨町で生まれ、高砂では幼いころ、おばあさんと父に育てられました。

そのころ、姫路の歌声喫茶や音楽指導者として各地に赴く際、私は父が運転する車の中に同乗していたことを思い出します。

父は小学校卒だけで、NHK高等学園音楽講師、自営で楽器店と音楽教室を作り、調律修理で収入を得ていました。

私は小学生低学年のころ、父からアコーディオンを教えてもらった記憶がありますが、アコーディオンが重たく泣いていたようで、修得することはできませんでした。

父の様々な苦労も感じず育ったのです。

その後、中学時代に、クラシックギターを中村勲先生から音楽堂で習いました。ギターの音色も好きでした。

私が36歳ごろからギターコンクールの優勝を目指して本格的に練習を続けた結果、約5年後、ギターコンクールで金賞・音楽大賞1位になりました。

5年前からは、父のアコーディオンと私のギターで親子コラボレーション演奏をしていくようになり、父の音楽公演も数多く聞き、ものすごい父だと改めて痛感しております。

また、日本作曲家協会の功労者であり、発明特許診断士でもあります。

シベリアに抑留され生きて日本に帰り、今の私があるのですから、今後もできる限り音楽を通じて共に活動し、親孝行したいと考えています。

「唯生論」で生きる父は、多くの人に感動を伝えています。音楽の力は凄いです。

父の生き方を子供として心から尊敬しています。

丹波篠山市　田中靖剛

おわりに

私は学歴もなく文章を書く事は、とても苦手でありますが、加古川市の岡田篤校長先生はじめ、公演を聴いた多くのファンの方々から出版を勧められ、出版社・ペンコム社長の増田氏からも編集指導をいただき、ようやくまとめることができました。

戦争・抑留・引揚と伝達する歴史の哀歓の実態

抑留地でドイツのベルリン・フィルソリストからアコーディオンを習うという体験

舞鶴引揚記念館に展示されている現実を、音楽で綴る「哀切から歓喜」

長い人生で学んだ生き方〝唯生論〟を残すため、大正・昭和・平成を生き抜いて、〝令和〟の世に出版できる事は私の運命の終活であり、感謝いっぱいであります。

シベリア抑留中、「こんな所で死んでたまるか」と自分に云い聞かせてきた思いは、必死で今も忘れません。

帰還後8回の入退院を繰り返し、乗り切り、アコーディオンで弾き、語り、歌い、話すと云う一人四役、日本初の〝エンターティナー〟に、94歳の今も各地から公演依頼が続いております。

少子高齢化対策・婚活・出産・育児・就職・人口増強を図る環境対策など、現代の唯心論、唯物論に加えて、唯生論は全人類の要望に対応できると信じています。

今日、ミス・トラブル・詐欺・不正・いじめ・事故・事件・暴力など何と多いことか。世界各地で様々な争いが起こっています。多くの人命が奪われています。

何と愚かなることか。平和を愛し「永世」へと戦争をしない国、されない国、そして日露平和条約を目指し、戦後処理と北朝鮮拉致問題解決を求め、更に自然災害にも立ち向かう〝唯生論〟を生ある限り提唱してまいります。

令和元年8月　田中唯介

まぶたの桟橋、舞鶴よ

作詞・作曲　田中唯介

〔ナレーション〕
〝あれから40年、引揚の街舞鶴港を訪れた時、
平の桟橋も今はなく、
ありし日の引揚船の着いた港のさざなみの、
あつい想いは記念の丘にこだまして、
よみがえる望郷の思い出も鮮やかに、
あーまぶたの桟橋、舞鶴よ〟

一

遠い潮路のなつかしく
君を訪ねて来た港
あの日のふる里　踏みしめた
まぶたの桟橋　舞鶴よ　あー
引揚船よ　いまいずこ

二

あつい想いは　波の背に
今もせつなく　湧いてくる
六十余万の　辿るみち
まぶたの桟橋　舞鶴よ　あー
記念の丘よ　何故かなし

三

積もる涙を　抱きしめて
せめて浜うた　聞いてくれ
未だにはかない　あの人も
まぶたの桟橋　舞鶴よ　あー
五老ヶ岳よ　白鳥《とり》も泣け

輝け・播磨町賛歌

作詞・作曲
田中唯介

播磨の灘へ行く所
さざ波交わす阿閇の里
ロマンに溢るる弥生遺跡
歴史を繋ぐジョセフヒコ
未来を語り求め往く
嗚呼　輝け　故郷　播磨町

平成30年11月10日

新高砂行進曲

（ブライダルマーチ・高砂）

作詞：成瀬左千夫
作曲：田中楽風

一　高砂の……まち
たかさごの郷　松は相生
めおとの契り
呼べば答えて　ほほえみを
交わすぬくもり　夢の咲く苑

二　高砂の……まち
たかさごの郷　鶴は寿
めおとの盟い
心ゆたかに　すこやかに
望むあの空　虹はなな色

三　高砂の……まち
たかさごの郷　亀は万代
めおとの絆
共にいたわり　よせ合えば
永遠のよろこび　永久に幸せ

ＵＳＥＮ　リクエスト方法について

本書で触れてきました曲は、ユーセンを引いているところ、喫茶店などでリクエストすれば編曲歌入りで聴いていただけます。

１　曲名〝まぶたの栈橋・舞鶴よ〟
　　歌手名　田中楽風

２　曲名〝永世のマーチ・輝けニッポン〟
　　歌手名　望月吾郎

リクエスト及び楽曲のお問い合わせ
フリーダイヤル　０１２０・７０９・３０３
受付時間　10時～22時30時
年中無休
Ｎｏ.８６０１　企画制作　田中音楽事務所

辞世の句

私の生き方、そして人生のまとめの辞世を、高砂市高砂町横町の、我が田中家の墓を護っていただいている宝瓶山十輪寺に、私の辞世碑として建立いたしました。

辞世

はらからの
こころやすかれ
シベリヤに
はるなきさだめ
かたりさらしむ

引揚全国友の会 副会長　田中唯介

■皆様にお願い■

すべての方々の幸せを祈りつつ、これまで「唯生論」という言葉を使い、「生きることの素晴らしさ」を綴ってまいりました。冒頭にも述べましたが、この言葉は辞書には載っておりません。多くの皆様が〝唯生論〟が辞書に収載されますよう、応援していただければ、これ以上の幸せはありません。心を中心とする〝唯心論〟、物を中心とする〝唯物論〟に加えて、新時代、新世代に唯一の生き方を表現する〝唯生論〟をコンセプトとすることで、すべて人類共通の願いを信頼し、戦争・紛争・いじめ、暴力なき社会を築きたいものです。（田中唯介）

著者:田中唯介(たなかゆいすけ)

音楽家・作曲家。大正14年11月10日、兵庫県加古郡阿閇村(現、播磨町)に農家の長男として生まれる。第二次世界大戦後4年間シベリアで抑留生活を送り、飢餓、極寒、重労働と戦い、捕虜生活中、アコーディオンをドイツ人のベルリン・フィルソリストに学ぶ。帰国後、生活のためにアコーディオン演奏活動をはじめ、各企業や自治体で音楽講師を務めた。舞鶴市引揚記念館の建設、引揚栈橋の復元、全国引揚友の会結成に尽力。現在は同会副会長を務める。作曲家として数多くの作品を発表し、平成30年、日本作曲家協会功労賞受賞。94歳の現在も、戦争・抑留・引揚の哀歓のドラマをアコーディンで弾き・語り・唄い、そしてトークと、一人4役をこなす現役の演奏家として全国を飛び回っている。

田中音楽堂:兵庫県高砂市高砂町栄町318-5　TEL/FAX:0794-42-0913

「唯生論」
シベリア抑留の恩讐を乗り越えた音楽人生

2019年8月21日　第1刷発行

著者●田中　唯介
発行者●増田 幸美
発行●株式会社ペンコム
〒673-0877 兵庫県明石市人丸町2-20
http://pencom.co.jp/
発売●株式会社インプレス
〒101-0051 東京都千代田区神田神保町一丁目105番地

■本の内容に関するお問い合わせ先
株式会社ペンコム
TEL078-914-0391　FAX078-959-8033
■乱丁本・落丁本などのお問い合わせ先
TEL03-6837-5016　FAX03-6837-5023
service@impress.co.jp
(受付時間/10:00-12:00、13:00-17:30土日祝日を除く)
※古書店で購入されたものについてはお取り替えできません。
■書店/販売店のご注文窓口
株式会社インプレス受注センター
TEL048-449-8040　FAX048-449-8041
株式会社インプレス出版営業部
TEL03-6837-4635
装丁●デザイン工房トムス 宮田　勉
印刷・製本●株式会社シナノパブリッシングプレス

 ISBN 978-4-295-40337-1